AF468839

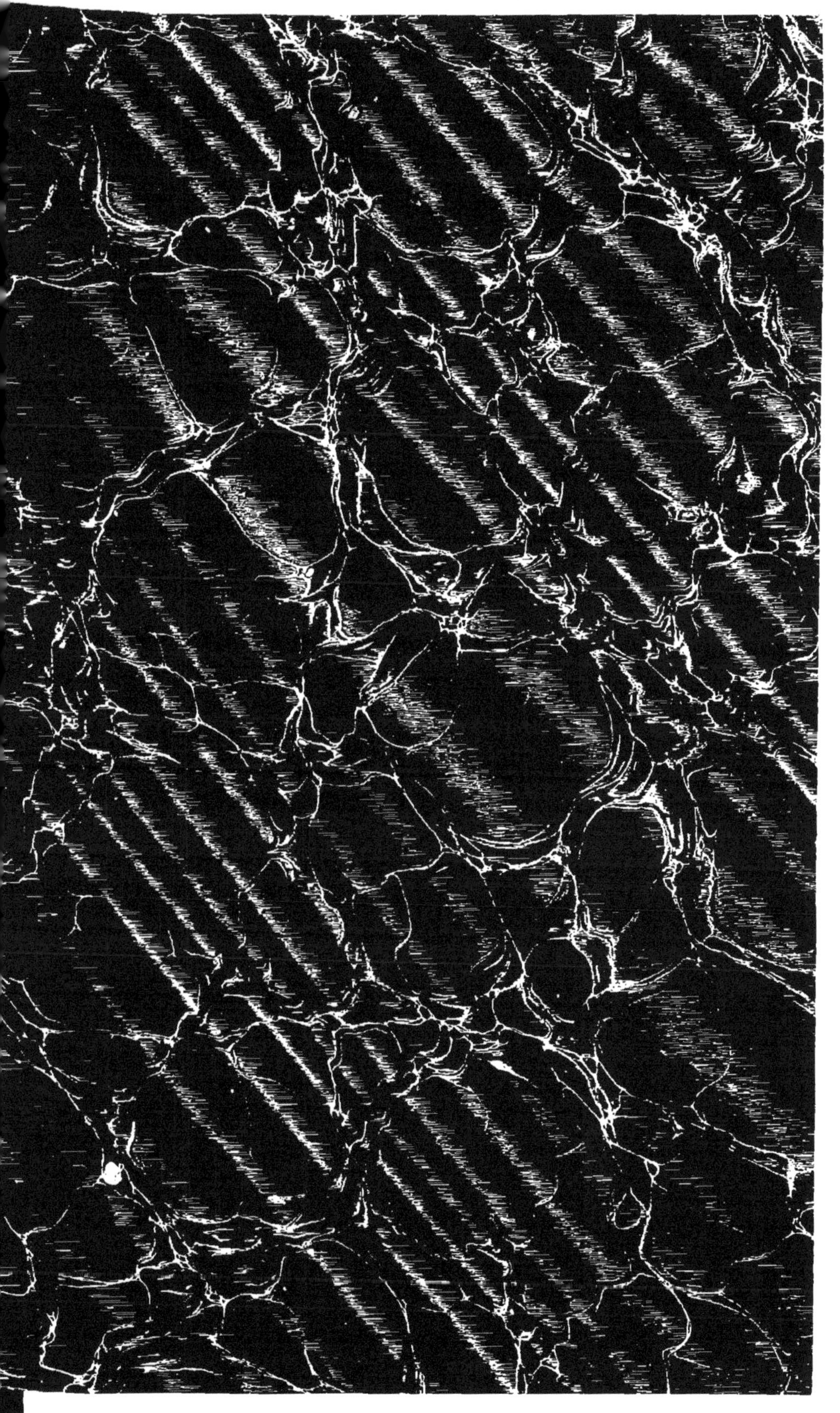

O3b
67
(

MÉMOIRES

SUR

L'ÉGYPTE,

PAR M. J. GRÉGOIRE,

Ex-directeur des domaines privés du prince
Mohammed-Aly-Bey, fils du Vice-Roi.

PARIS,

IMPRIMERIE DE BUREAU, RUE COQUILLIÈRE, 22.

1845.

MÉMOIRES

SUR

L'ÉGYPTE,

PAR M. J. GRÉGOIRE,

Ex-directeur des domaines privés du prince Mohammed-Aly-Bey,

Fils du Vice-Roi.

INTRODUCTION.

Je me propose d'écrire quelques mémoires sur l'Égypte, pour servir à composer l'histoire de ce pays sous le gouvernement de Mohammed-Aly. Ce que j'y raconterai diffèrera beaucoup de ce qui a été écrit jusqu'à présent. Cela tient à ce que la plupart des auteurs ayant principalement voyagé sur le Nil, et habité surtout les grandes villes (le Caire et Alexandrie), se sont exclusivement occupés des mœurs et des usages de leurs habitants, des grandes mesures du gouvernement, des rouages de la haute administration, des relations politiques et commerciales du pays avec les puissances étrangères, et de beaucoup d'autres objets fort importants sans doute, mais le sujet le plus important, le peuple, ses mœurs, ses usages, le village et la manière dont il est administré, personne ne l'a fait con-

1845

naître ; il eût fallu, pour y parvenir, avoir parlé la langue de ce peuple, habité sa maison et vécu avec lui ; or il ne s'est trouvé jusqu'à ce jour personne qui réunît ces conditions.

Ayant habité pendant dix ans en Égypte, et presque toujours au milieu des populations des campagnes, c'est à remplir cette lacune que tendront principalement mes efforts. Je montrerai l'Égyptien, le *fellah*, tel qu'il était avant la venue de Mohammed-Aly, tel qu'il est aujourd'hui, et je déroulerai la succession des causes qui l'ont réduit à l'état où on le voit. En agissant ainsi, je conserverai le rôle de simple narrateur ; au lieu qu'en faisant l'histoire du gouvernement, la plupart des écrivains ont été ou des apologistes ou des détracteurs ; n'ayant pas la prétention de faire un livre, mais simplement de fournir des matériaux à ceux qui voudront en faire, je me bornerai à écrire ce que j'ai vu moi-même, ou ce que j'ai appris d'une manière certaine, prenant l'engagement de ne rien dire dont je ne puisse fournir les preuves. L'objet de ces mémoires sera très varié, leur nombre n'est pas arrêté, non plus que l'ordre dans lequel je les écrirai ; l'à-propos du moment amènera seul ma détermination.

PREMIER MÉMOIRE.

De l'Émigration des habitants (mutsaabinn) et du projet du vice-roi de se retirer à la Mecque.

AVANT-PROPOS.

Depuis mon retour d'Égypte, plusieurs personnes m'ont témoigné le désir de connaître d'une manière exacte les causes qui amenèrent Mohammed-Aly à abandonner temporairement l'administration de son pays, et firent naître en lui le dessein de se retirer à la Mecque. Les relations de ces faits écrites dans les journaux de cette époque, étaient si disparates et si incomplètes, qu'il fut impossible de se former une idée sur un événement qui mit un moment en émoi la diplomatie européenne.

Il semble, à la manière dont est rapporté en France ce qui se passe en Égypte, aujourd'hui si rapprochée de nous, que cette contrée soit encore la terre des mystères, cela tient à ce que peu de personnes sont à même de connaître de semblables faits, et que celles qui pourraient en avoir une connaissance exacte, sont la plupart intéressées à les cacher ou à les altérer.

Dans ces derniers temps plusieurs journaux ont inséré dans leurs colonnes, des correspondances d'Égypte dans lesquelles on dénonçait l'émigration en Syrie d'une partie importante de la population. Ce fait, dont la haute signification ne me paraît pas avoir été parfaitement comprise par les auteurs de ces correspondances, est de la plus grande importance, et sa connaissance exacte contribuera beaucoup à répandre un nouveau jour sur l'état actuel de l'Égypte; en outre, il se rattache à l'événement dont je vais parler, puisqu'il en est la cause; je m'attacherai donc à le faire connaître le plus complétement possible, tout en me restreignant dans les bornes que je me suis prescrites.

Qu'est-ce que l'Emigration?

On appelle fuyards, les habitants qui, pour se soustraire à quelque vexation de la part de leurs cheiks, pour éviter le paiement d'un impôt excessif, ou pour tout autre motif, ont abandonné, terres, maison, famille, et sont allé habiter des villages plus ou moins éloignés des lieux qui les virent naître; quelle que soit la cause de leur fuite, leurs chefs, forcés de satisfaire aux charges qu'ils supportaient, ne manquent jamais de la signaler à l'autorité supérieure qui donne des ordres pour les faire ramener.

Les uns, qui s'enfuyaient pour la première fois, attendent l'exécution de ces ordres et sont ramenés chez eux, d'autres, ne voulant pas rentrer dans leurs villages, et sentant qu'ils ne seraient plus en sûreté dans les lieux où ils se trouvent, s'éloignent davantage pour tâcher de dépister ceux qui les recherchent avec tant de persistance; mais enfin, se voyant traqués et découverts, quelque part qu'ils se transportent, ils prennent le parti d'abandonner l'Egypte et se retirent en Syrie.

Ces émigrations causent à Mohammed-Aly des pertes considérables, car ces émigrants sont tous des cultivateurs, et le revenu de l'Egypte étant presque tout entier fondé sur leur travail, chaque cultivateur qui sort du pays emporte avec lui une partie des revenus du Trésor.

Mais ce n'est pas ici le lieu de faire connaître les dommages immenses que l'émigration fait éprouver au gouvernement, examinons d'abord l'importance qu'elle peut avoir en elle-même.

Il est connu de tout le monde, que l'une des causes qui déterminèrent la guerre de Syrie, fut les fuyards Egyptiens : le vice-roi ayant demandé au pacha de Saint-Jean-d'Acre qu'environ soixante mille Egyptiens, qui étaient réfugiés en Syrie, lui fussent rendus, Abdallah pacha lui répondit que la Syrie appartenant comme l'Egypte au sultan, les Egyptiens travaillaient pour leur maître, dans son gouvernement comme dans celui de Mohammed-Aly, et qu'ainsi il était superflu de les faire rentrer en Egypte.

Il y a huit ans on parlait beaucoup en Egypte de guerre contre l'Abyssinie, des préparatifs se faisaient même dans le Soudan, mais les consuls d'Angleterre et de France ayant témoigné au vice-roi que leurs gouvernements verraient avec peine la guerre portée dans un pays chrétien avec lequel ils entretenaient des relations amicales, par leurs missionnaires ou leurs voyageurs, le projet fut abandonné. Le motif de cette guerre, le voici :

Le chef puissant qui brûla sa maison et Ismaël-Pacha avec elle pour venger l'insulte grave qu'il avait essuyée de ce jeune prince, est retiré sur les frontières de l'Abyssinie, limitrophes des états du pacha.

Là, il fonda d'abord, avec sa nombreuse famille et ses esclaves, un village qu'il appela du même nom que celui qu'il avait quitté sur le *Nil Schendi*. Bientôt les mauvais traitements et les vexations de toute espèce du gouvernement égyptien augmentèrent le nombre des transfuges, et il dut bâtir de nouveaux villages, auxquels il donna les noms de ceux que les nouveaux arrivés avaient quitté, en sorte qu'il refaisait là son pays en attendant le moment favorable pour le reconquérir. Le vice-roi avait demandé plusieurs fois au roi d'Abyssinie qu'il chassât cet homme de ses états; mais il lui avait toujours été répondu que la terre était à Dieu, et que ces gens ne lui ayant jamais donné de sujet de plainte, il n'avait aucune raison de les expulser.

Il y a deux ans on a été sur le point de tenter la conquête du Darfour. Les préparatifs étaient faits, en grande partie, les chefs de l'expédition nommés, une partie du matériel embarqué sur le Nil, lorsque des ordres furent donnés de suspendre tout, l'expédition étant ajournée. Cette guerre était entreprise pour deux motifs principaux : le premier, c'est que le roi du Darfour, qui de tout temps envoyait ses caravanes en Egypte, avait eu l'audace de cesser de les envoyer, et les dirigeait sur Tripoli et sur Tunis, parce qu'il avait plu au vice-roi de doubler les droits à percevoir sur ses marchandises. Le second, c'est que ce roi donnait asile dans ses états, à une partie considérable de la population des contrées qui s'étendent depuis Siout jusqu'à la quatrième Cataracte, et parmi lesquelles se trouvaient un grand nombre des commerçants qui composaient sa grande caravane. Enfin, lorsque le pacha abandonna les affaires et voulut se retirer à La Mecque, ce fut encore à cause des fuyards, ou du moins ils en furent le prétexte. Voici comment eut lieu cette espèce de révolution, et quelles furent les circonstances qui l'accompagnèrent.

Abandon momentané des affaires

et projet de retraite du Vice-Roi.

Le vice-roi ayant employé, comme nous le verrons plus bas, tous les moyens de coërcition qu'il avait pu imaginer pour faire rentrer les émigrants dans leurs foyers sans avoir pu y réussir, se trouvant à bout d'expédients, il imagina de chercher en dehors de lui des lumières qui l'éclairassent sur ce qu'il avait à faire. En conséquence il ordonna à un conseil nouvellement institué, qu'on appelle conseil de la Justice (*Magles el akkanïé*), cour suprême à laquelle sont portées en dernier ressort toutes les affaires contentieuses de quelque nature quelles soient, il ordonna, dis-je, à ce conseil de lui faire un rapport sur les causes qui déterminaient les fuyards à abandonner leurs villages, et les moyens à employer pour faire cesser cet état.

Ce conseil ayant l'autorité de la chose nouvelle, crut pouvoir faire plus que n'avaient fait jusqu'alors tous les administrateurs qui, interrogés maintes fois sur cet objet, pour ne pas déplaire à leur maître, avaient toujours répondu qu'il fallait s'en prendre au caractère revêche et insoumis des habitants, qui ne voulaient pas profiter de la bonté toute paternelle de Son Altesse.

Les principaux parmi les habitants furent appelés dans le conseil, ceux-ci, habitués à se voir poser cette question, allaient y répondre, comme ils l'avaient toujours fait, d'une manière incomplète et évasive; mais les membres du conseil leur promirent l'impunité quoi qu'ils pussent dire de peu favorable au gouvernement; ils les pressèrent tant de s'expliquer d'une manière cathégorique qu'ils finirent par en obtenir les réponses qu'ils désiraient.

Le rapport rédigé d'après ces réponses fut envoyé à Son Altesse; mais il était conçu de telle manière, que les secrétaires particuliers ne doutant pas que le vice-roi n'entrât dans une violente colère en apprenant ce qu'il renfermait, n'osaient pas lui en faire la lecture. Déjà depuis longtemps il était parvenu et il était encore sous les coussins. Le vice-roi l'avait demandé plusieurs fois, on lui avait toujours répondu qu'il n'était pas encore arrivé. Il avait fait écrire plusieurs ordres très pressants pour obtenir ce rapport. Mais ces ordres n'étaient pas envoyés.

Enfin, ne pouvant pas différer plus longtemps sans se compromettre, Kamil-Bey, secrétaire particulier, s'étant adjoint Artîn-Bey, ministre des affaires étrangères; ces deux personnages réunis osèrent faire connaître le contenu du rapport tout en tâchant d'adoucir ce qu'il y avait de peu agréable pour leur maître.

Ce rapport contenait en substance que ce qui déterminait les habitants à quitter leurs villages, c'était principalement l'impuissance où ils étaient de payer l'impôt; que le moyen de faire cesser cet état de choses, était de diminuer les charges trop lourdes qui pesaient sur eux, surtout de faire l'abandon des arriérés de l'impôt qu'ils ne pourraient jamais payer. Que ces mesures, du reste, étaient d'autant plus urgentes, que les fuyards, après avoir longtemps erré dans les diverses provinces de l'Egypte, sans y trouver de sûreté, prenaient en grand nombre le chemin de la Syrie, et que la province de l'Est (Charghieh), était en grande partie au-delà de Gaza.

Cette lecture ne parut pas faire la moindre impression sur l'esprit du pacha : il n'y fit aucune observation, et comme elle lui avait été faite le soir, après avoir causé de choses indifférentes et absolument étrangères à l'objet du rapport, il se retira dans ses appartements. Le lendemain il ne fut pas question du rapport, il s'occupa d'affaires comme à l'ordinaire; le surlendemain se passa de la même manière. Kamil-Bey et Artin-Bey, émerveillés d'un résultat auquel ils s'attendaient si peu, s'en attribuaient déjà toute la gloire, et rehaussaient dans leur pensée leur habileté bien connue, lorsque le troisième jour le vice-roi demanda son déjeuner une heure plus tôt qu'à l'ordinaire.

Cette circonstance très extraodinaire, car le pacha règle tous les actes de sa journée sur sa montre, dut faire pressentir quelque événement grave. Il se mit à table, mangea fort peu, et, après son déjeuner, les principaux officiers composant son entourage se trouvant réunis par son ordre dans son divan, il se mit à pleurer à chaudes larmes, et s'adressant aux personnes qui l'entouraient :

« Vous autres, leur dit-il, que j'ai élevés et que j'ai comblés de « bienfaits, vous vous êtes ligués, ainsi que mes fils, pour me per- « dre; depuis le temps que l'Egypte marche vers sa perte, vous « ne m'en avez pas informé; et, c'est à présent seulement, lorsqu'il « n'y a plus de ressource, qu'elle ne peut plus se relever, que vous « venez me le faire connaître. » Pendant cette allocution, comme il pleurait toujours, Sami-Pacha, alors premier ministre, voulait faire retirer les autres employés subalternes de la maison, qu'une scène aussi extraordinaire avait bientôt réunis dans l'appartement. « Laissez, lui dit le vice-roi, laissez ces gens, je veux que tout « le monde voie, afin qu'on sache bien que c'est vous autres et mes « fils qui vous êtes ligués pour me perdre, en me cachant la ruine « de l'Egypte jusqu'au jour où il est impossible de la relever. » En parlant ainsi il continuait à pleurer et, ayant demandé sa voiture, il descendit l'escalier toujours en pleurant au grand étonnement de tous ses gens, qui restaient stupéfaits. Sami-Pacha ayant voulu monter avec lui dans sa voiture, il refusa de le recevoir, et se fit transporter au jardin de son gendre Moharrem-Bey, situé sur le canal du Makmoudié. Les officiers de sa maison l'ayant suivi, il refusa tous leurs services, il ne voulut pas même recevoir son médecin Gaëtani-Bey, ni son interprète Kosrew-Bey. Il n'admit auprès de lui, de toutes les personnes habituées à lui donner des soins, que le chef de sa maison Jacoub-Bey, et son pharmacien-dentiste M. Dranebt, jeune grec, dont les soins lui sont indispensables. Pendant les deux journées qu'il passa dans cette résidence, son interprète et son médecin firent de vains efforts pour arriver jusqu'à lui. Son Altesse Ybrahim-Pacha et les principaux personnages de la cour lui adressèrent collectivement une supplique dans laquelle ils exprimaient le regret de lui avoir déplu et offraient de réparer leur faute; il refusa de la recevoir. M. le marquis de Lavalette, consul de France, lui ayant fait demander un entretien par l'entremise de Jacoub-Bey, il lui fit répondre qu'il ne recevait personne, que l'Egypte était perdue, qu'il n'était plus possible de la relever, et qu'il pouvait écrire dans ce sens à son gouvernement.

Le troisième jour au matin, il demanda son bateau à vapeur et se disposa à partir avec toute sa maison, disant qu'il se rendait à La Mecque. Avant de partir il fit donner ordre à Artin-Bey, ministre du commerce, de lui envoyer 6,000 bourses, environ 750,000 francs. Ce fonctionnaire ne trouva pas dans sa caisse la plus petite somme; mais une frégate qui était sur le point de faire voile pour la Caramanie, où elle allait faire un chargement de bœufs, avait à son bord 2,000 bourses, environ 250,000 francs; il les fit prendre par le caissier de son ministre et les ayant fait mettre sur une des barques de la compagnie des bateaux de halage; il les envoya à la suite du vice-roi.

Arrivé au Nil, le vice-roi qui, pendant la traversée sur le canal, avait communiqué avec plusieurs personnes de sa maison, envoya son médecin et son pharmacien demander un des bateaux à vapeur de la compagnie Anglaise à l'agent de cette compagnie, et il se transborda, avec toute sa maison. Arrivé au Caire il descendit à son jardin de Choubrah. Il envoya aussitôt ordre à Chérif-Pacha, président du grand conseil, de réunir tout l'argent qui se trouvait dans les caisses de toutes les administrations du Caire et de le tenir prêt. Il lui ordonna en même temps de faire partir trois cents fusils avec des munitions pour Suez. On ne trouva que 3,000 bourses, environ 375,000 francs. Il resta quatre jours dans cette résidence sans vouloir recevoir personne d'étranger à sa maison. Il allait tous les jours, dès huit heures du matin, faire une promenade en voiture sur la chaussée qui va de Choubrah au Caire. Un jour il vit venir une voiture fermée qu'il reconnut pour appartenir à ses femmes : c'était en effet la mère du plus jeune de ses fils. Il lui fit dire qu'il se portait bien, et qu'elle eût à s'en retourner. Durant ces quatre jours il ne s'entretint que des fuyards, de leur nombre, du préjudice qu'ils causaient à son administration, et du jugement que l'on porterait de lui, si l'on venait à connaître en Europe la vérité sur ce point.

Le cinquième jour son interprète lui donna connaissance d'une note rédigée par les consuls généraux, réunis en conseil à Alexandrie. Dans cette note ils représentaient à Son Altesse qu'ils n'ajoutaient pas foi aux bruits qui couraient de l'abandon qu'il faisait du pouvoir pour se retirer à La Mecque; mais que dans le cas où ces bruits auraient quelque fondement, l'État ne pouvant pas demeurer sans chef, ils le priaient de leur faire connaître les dispositions qu'il avait prises, afin qu'ils pussent en informer leurs gouvernements. Il apprit en même temps qu'un steamer anglais et un brick français avaient été expédiés sur-le-champ aux commandants des stations navales de leurs nations; que le commerce européen d'Alexandrie avait été frappé d'une violente panique et redoutait de se voir pillé par la population. Ces révélations changèrent presque instantanément ses dispositions, au lieu des entretiens tristes qu'il avait avec les officiers de sa maison, il commença à provoquer les conversations plaisantes, à sourire comme il avait coutume de le faire. Jusqu'alors il ne mangeait presque rien à ses repas, depuis ce jour il recommença à manger de son appetit ordinaire. Il reçut les principaux dignitaires étrangers à sa maison. Ils ne se présentaient à lui qu'en tremblant; mais il les recevait en souriant et leur parlait de choses étrangères à ce qui s'était passé et comme si rien d'extraordinaire n'avait eu lieu. Schérif-Pacha s'étant présenté reçut ordre de ne pas expédier les fusils et de laisser l'argent dans les caisses.

Les jours suivants il attendait qu'Ybrahim-Pacha et les autres dignitaires qui se trouvaient à Alexandrie arriveraient; mais on reçut seulement le sixième jour une lettre d'Ybrahim-Pacha, dans laquelle il exposait que, ne sachant pas s'il devait se présenter à son père ou rester à Alexandrie, il attendait ses ordres pour s'y conformer. Le vice-roi lui fit répondre de se rendre au Caire, lui et tous les autres personnages qui se trouvaient à Alexandrie.

Depuis qu'un changement si subit s'était opéré dans la manière d'agir du vice-roi, ses idées avaient été aussi profondément modifiées : ainsi la ruine de l'Egypte n'existait pas telle qu'on la lui avait dépeinte; c'était une ruse de ses fils et de ses grands dignitaires qui tous étant chargés de grandes exploitations agricoles, avaient voulu par ce stratagème alléger leur impôt. S'il n'en était pas ainsi, pourquoi avaient-ils différé jusqu'à ce jour à faire connaître cet état? Évidemment s'ils avaient attendu d'être eux-mêmes intéressés, c'est que

ce mal n'existait pas et qu'il n'était qu'une supposition de leur part. Au reste, ajoutait-il, je ne m'en rapporterai plus à personne, je prendrai moi-même les affaires en main, et l'on verra si je saurai les faire marcher. Son Altesse Ybrahim-Pacha et les autres grands employés étant arrivés, on convoqua un grand conseil dans lequel il fut résolu que puisqu'on n'avait pas fait connaître à Son Altesse l'état de l'Egypte, chacun paierait une amende d'un certain nombre de mois de ses appointements. Cette amende fournit 6,000 bourses, environ 750,000 francs. Après cela le pacha recommença à entendre la lecture de ses lettres et à dicter des ordres, ce qu'il n'avait pas fait depuis treize jours.

Telle fut la fin de cette étrange sortie que je m'abstiendrai de qualifier ; qu'on me permette seulement quelques réflexions.

Appréciation de ces actes.

L'état de ruine des cultivateurs égyptiens, cause de l'émigration, était parfaitement connue du vice-roi ; car en admettant qu'on eût su lui déguiser la vérité de manière à l'empêcher d'arriver jusqu'à lui par une autre voie, ce qui n'est pas soutenable; car il savait par exemple que les deux tiers des villages de l'Égypte avaient été ravis à leurs habitants, et donnés à diverses personnes, parce qu'ils n'avaient pas pu payer l'impôt ; toujours est-il qu'il ne pouvait pas ignorer l'état de ses recettes. Les recettes sont l'objet principal et auquel il attache la plus grande importance ; il ne pouvait pas ignorer qu'elles avaient diminué de moitié. Et d'ailleurs, s'il n'eût pas connu cette ruine, la révélation qui lui en fut faite par la lecture du rapport aurait fait sur lui une impression des plus vives ; car quel homme, quelque faculté de dissimulation qu'on lui suppose, pourrait, sans s'émouvoir, passer de la certitude d'un état prospère à celle d'une ruine avancée. Si donc il eût ignoré le contenu du rapport, au lieu de garder deux jours et demi sa colère concentrée, il l'aurait inévitablement laissé paraître sur-le-champ.

Mais, dira-t-on, si l'état de l'Égypte lui était connu, à quoi bon ces démonstrations si extraordinaires? A cela je répondrai que leur incohérence ne peut guère être attribuée qu'à l'âge avancé de Son Altesse; mais en scrutant avec soin, on trouve dans le fond une idée qui s'accorde assez avec le caractère connu du vice-roi.

A la teneur du rapport et d'après les mesures radicales qu'on y proposait, il lui fut facile de reconnaître que ses fils et tous ses grands dignitaires avaient participé, de près ou de loin, à sa rédaction. Jamais des employés tels que ceux du conseil de la justice n'auraient osé rien écrire d'aussi audacieux s'ils n'avaient été appuyés par des personnages plus haut placés. Cela admis, que devait-il faire? ou nier l'exactitude du rapport et sévir contre ses auteurs. Mais cette manière d'agir lui aurait aliéné tous les membres de sa famille, ses grands dignitaires, et aurait porté dans tous les esprits la conviction que le pacha avait consommé sciemment la ruine de son pays, et qu'il voulait persister dans cette voie ou paraître y ajouter foi, et alors il ne pouvait pas laisser admettre qu'il connût cet état de ruine sans y avoir remédié, c'eût été laisser croire qu'il était ou incapable ou tyran; il fallait donc qu'il parût l'avoir ignoré. Il devenait par là la victime des flatteries de ses adhérents, du complot de ses fils qui, le voyant courir à sa perte, loin de l'avertir, l'avaient porté à la consommer. Arrivé à ce point, ses fils, ses hauts fonctionnaires ne devaient pas balancer à se déclarer coupables et à assumer sur eux toute la responsabilité de cet état de ruine, dont leur maître avait été la victime; et dès lors il conservait tout le prestige de sa grande capacité et il pouvait dire : « Si j'eusse été informé plus tôt, cela ne serait pas arrivé; mais à présent que je le suis, vous verrez comment je remédierai à cet état. »

Cette appréciation, qui se trouve en rapport avec le caractère connu du vice-roi, me paraît être la plus vraisemblable, et elle concorde avec le jugement porté par les personnes les mieux placées.

Effets désastreux de l'émigration.

On pourrait juger du préjudice énorme que cause à l'Égypte l'émigration de ses habitants, par l'importance très grande qu'y a attachée le vice-roi dans les diverses circonstances que nous venons de faire connaître ; mais pour en avoir une idée exacte, il est nécessaire de savoir parfaitement en quoi consiste cette émigration.

Il est très peu d'habitants d'Égypte, je dirai presque il n'en est pas qui n'aient abandonné une ou plusieurs fois leurs villages, soit pour se soustraire à quelque injustice, soit pour aller chercher chez des étrangers un sort meilleur. Parmi eux, les uns se sont fixés dans des villages étrangers où ils ont été adoptés et en sont devenus des habitants ; d'autres sont rentrés, et ayant été mieux traités se sont fixés ; mais le plus grand nombre, après en être sortis et y avoir été ramenés à plusieurs reprises, ont enfin perdu tout attachement pour leur village. Traqués partout où ils se réfugient, ils ne se fixent nulle part et vivent ainsi vagabonds dans toute l'Égypte, ne séjournant dans chaque lieu qu'aussi longtemps qu'ils s'y croient en sûreté. Cette population flottante ne peut pas, selon moi, être estimée à moins du tiers de la population totale, et comme elle est principalement composée de cultivateurs, je ne crois pas être au-dessus de la vérité en la portant aux deux cinquièmes des ouvriers.

On pourrait être tenté de croire qu'aussi longtemps que ces hommes ne quittent pas l'Égypte le gouvernement ne perd rien à leur vagabondage, car il lui importe peu qu'ils travaillent dans tel village ou dans tel autre, puisqu'en réalité il est seul propriétaire (1); mais ce serait une grave erreur de croire que le fuyard, sorti de son village, travaille hors de chez lui comme il le faisait avant d'en sortir. En effet, parmi eux, les uns étaient de simples manouvriers dans leurs villages, ne possédant rien ou presque rien.

Sans émulation, accoutumés à vivre au jour le jour, ils se contentent de travailler juste autant qu'il le faut pour avoir du pain à manger.

(1) On désigne souvent dans les actes officiels le vice-roi par ces mots *saab el mal* qui signifient le maître de la fortune.

Ainsi ils travaillent à la moisson des céréales et font alors leur approvisionnement de grain; le reste du temps, ils s'occupent à filer de la laine ou du coton à la quenouille; travail qui peut leur procurer au plus un gain journalier de dix centimes. Si dans leur village la famille comptait deux ou trois ouvriers, chez les étrangers il n'y aura guère qu'un membre qui travaille. Ils travailleront juste ce qu'il faudra pour ne pas être chassés des lieux où ils se sont réfugiés; ils sont habitués à vivre de si peu qu'ils ont peu à faire pour se suffire, et comme la plupart du temps c'est parce qu'on les accablait de travail eux et leurs femmes qu'ils ont abandonné leur village, ils croient que la plus belle prérogative qu'ils aient acquise en le quittant, c'est le droit de vivre dans l'inaction. C'est à eux surtout qu'est applicable ce dicton vulgaire : « *Mieux vaut manger du pain et dormir à sa volonté, que de manger du poulet et avoir le dos brûlé au travail.* » Et qui oserait les contraindre à travailler? Les bras manquent, et quelque faibles que soient les services qu'ils rendent, on redoute de s'en voir abandonné. Chacun désire donc d'attirer à lui le plus possible d'émigrants; or, de leur contact avec les habitants des villages, il résulte que ces derniers, séduits par leur exemple, travaillent moins, et quoiqu'on puisse être plus exigeant envers eux qu'envers les étrangers, toujours est-il qu'on doit craindre, en employant les moyens violents, de les voir s'enfuir à leur tour. Ainsi, non seulement les fuyards travaillent peu, mais encore leur exemple fait que la population fixe travaille moins. De tout cela je crois pouvoir conclure que la somme de travail qui s'exécute en Égypte n'est pas plus de la moitié de ce qu'elle serait s'il n'existait pas de fuyards, et que chaque individu travaillât comme il le ferait s'il y était intéressé.

Ceux des émigrants qui chez-eux étaient des cultivateurs ayant des bestiaux et exploitant une certaine étendue de terre, vont-ils chez l'étranger cultiver comme ils le faisaient chez eux? Nullement; ils ne se croient pas assez en sûreté et considèrent qu'ils pourraient être forcés de laisser récolter à d'autres les champs qu'ils auraient semés; aussi, le plus souvent, ils louent un champ de trèfle pour nourrir leurs bestiaux, achètent le grain de leur croît ou du produit de leur travail, et se tiennent ainsi toujours libres et prêts à changer de domicile à la première alerte. Pour connaître quelle quantité de terre reste inculte par suite de ces fuyards, il faudrait ou voir les terres abandonnées qui naguère étaient cultivées, ou lire dans les registres des villages la proportion de l'arriéré de l'impôt qui est porté au compte des fuyards. Si tels sont les effets de ce vagabondage, que sera-ce donc si, au lieu de fuir en Égypte, il arrive qu'une partie en sorte et gagne la Syrie, quelle perte plus grande encore le gouvernement n'éprouvera-t-il pas? Or, il est certain que la plus grande partie de la population du *Charghïe* (province de l'est) cultive aujourd'hui des terrains fort étendus au-delà de Gaza, et tout le monde a pu lire dans le *Journal des Débats* du 14 mai, une lettre écrite du Caire, dans laquelle il est dit que le gouvernement égyptien avait fait répandre des bruits d'après lesquels la peste se serait déclarée à Jérusalem, et que sous le faux prétexte d'empêcher ce fléau d'arriver en Égypte, il avait dirigé vers la frontière de nombreuses troupes dans le but d'arrêter l'émigration en Syrie des populations égyptiennes.

Voilà les considérations qui ont fait regarder par le vice-roi l'émigration comme un fait grave, comme un grand malheur, parce qu'elles se résolvent en pertes immédiates; mais si nous y ajoutons que cette population errante meurt vite et ne se reproduit pas, elle meurt vite parce qu'elle est mal logée : toujours dans des cabanes construites par les femmes avec de la terre et du fumier; étroites et dégoûtantes cahutes où nous ne voudrions pas même loger nos animaux les plus incommodes, et dont ils se contentent parce qu'ils se regardent toujours comme devant être bientôt forcés à les abandonner. Mal couchés toujours sur la dure ou sur l'herbe fraîche; si vous voyez un homme suivi d'une femme qui porte sur la tête une corbeille contenant un peu de pain et de farine, un vase de terre et un plat de bois, vous pouvez être assuré que ce sont là des fuyards, et ils portent tout leur mobilier avec eux. Il est inutile de dire qu'elle est mal nourrie, mal vêtue et partant d'une saleté dégoûtante; cela lui est commun avec le reste de la population. Les hommes se marient peu, la misère les en empêche; la même cause fait que les mariages sont rompus avec la plus grande facilité, et ont perdu tout ce que cet engagement avait de solennel. Les femmes, changeant fréquemment de maris, finissent par se livrer au libertinage; les enfants meurent dans une proportion énorme. Ainsi, dépopulation, démoralisation, rupture de tous les liens de la famille, détérioration de toutes les qualités physiques et morales, tels sont les tristes effets que cette malheureuse plaie contribue à produire. Mais en m'étendant davantage, j'empiéterais sur le mémoire où j'aurai à traiter de l'état de la population.

L'influence désastreuse de ce vagabondage une fois établie, examinons les causes qui l'ont amenée.

Cause de l'émigration. — Considérations générales.

Dans un pays où la volonté individuelle fait toute la loi, à moins que les dépositaires de l'autorité soient des hommes d'un grand savoir et d'une moralité à toute épreuve, il doit se commettre beaucoup d'injustices. Or, comme un pays sans lois est nécessairement un pays barbare, il en résulte que le faible y est exposé à toutes les avanies de la part du fort. Ainsi molesté, à qui en appellera-t-il? à l'autorité supérieure? Mais celle-ci est forcée de s'informer des motifs de plainte auprès de ses délégués, et souvent même pour conserver intact le prestige de leur autorité, d'approuver leurs actes lors même qu'elle les trouverait oppressifs. Voilà quel est depuis des siècles et quel est encore aujourd'hui l'état de l'Égypte; le faible y est exploité par le fort, sans que le premier ait aucun recours contre lui. Quel moyen d'éviter l'oppression? il n'en est qu'un seul, c'est la fuite.

Déjà, du temps de l'occupation française, on avait remarqué cette tendance de l'arabe *fellah* à quitter son village, et les usages établis pour ramener le fugitif dans ses foyers, sont décrits dans les mémoires de cette époque avec beaucoup de soin. Qu'on me permette cependant de rappeler ce qu'étaient alors les fugitifs. Le village égyptien se composait, comme il se compose aujourd'hui, 1° de travailleurs, qu'on appelait ouvriers au quart (mourabaïnn), gens ne possédant rien et vivant eux et leur famille du produit du champ d'un cultivateur auquel ils étaient attachés de père en fils; ils lui donnaient le titre d'oncle (aâm), et ce titre les engageait à travailler pour lui moyennant une part du produit, suffisante pour leur subsistance; 2° de cultivateurs (fellah), exploitant une surface de terre plus ou moins grande, mais quelle que fût son étendue, étant soumis à leur cheik; 3° de cheiks, dont le nombre variait dans chaque village suivant le nombre de castes de races originaires qu'il renfermait. Chacun de ces cheiks avait l'autorité suprême sur sa caste; mais dans chaque famille le plus ancien, le plus capable, était toujours consulté, et ses jugements, dans les contestations entre les divers membres de la famille, étaient rarement portés à la sanction du cheik. Lorsqu'une contestation s'élevait entre deux habitants, elle était ordinairement soumise à un arbitrage qui presque toujours parvenait à rétablir l'harmonie; mais lorsqu'il ne pouvait pas y arriver, celui qui se croyait offensé abandonnait sa maison pour se retirer soit dans le quartier d'une autre caste dans le même village, si l'offense n'était pas très grave, soit dans un village voisin, mais ami, si l'injure avait un degré de gravité plus grand. Dans l'un ou l'autre cas, on donnait aux personnes ainsi sorties de leurs maisons des noms différents. Les premiers, on les appelait fâché (zaalan), on disait des seconds qu'ils s'étaient retirés (karban); le mot fuyard n'était pas encore connu. Voici du reste ce qui avait lieu pour faire rentrer le membre de la famille momentanément séparé.

Les personnes intéressées au retour de l'individu sorti s'adressaient à celui chez qui il s'était retiré, ils lui faisaient connaître les concessions et réparations qu'ils proposaient. Celui-ci faisait auprès de son protégé (tanib) l'office de médiateur, et toujours après qu'on avait laissé s'écouler le temps suffisant pour donner aux animosités réciproques le temps de se calmer. Un jour était pris pour la réconciliation. Suivant l'importance de la personne, un nombre plus ou moins grand de membres de la famille, d'amis ou de cheiks, se rendaient dans la maison du protecteur de leur compatriote, ils y apportaient des présents qui se composaient de moutons, de riz, de blé ou d'autres objets plus importants; et après avoir fait publiquement connaître les conditions qu'ils offraient, et avoir scellé la réconciliation par le serment sacré, en récitant le *fethah* (*pater* des Musulmans). Ils ramenaient leur compatriote dans sa maison, où des réjouissances faisaient éclater la joie que causait la rentrée de ce membre un instant éloigné de la famille.

Voilà ce qui existait du temps de l'occupation française, voilà ce qu'étaient alors les fuyards; les choses se sont maintenues dans cet état pendant les premières années du gouvernement de Mohammed-Ali; mais les fuyards d'aujourd'hui ne ressemblent en rien à cela, et le nom qui les désigne n'a pas non plus la même signification que les noms anciens. *Mutsaab* veut dire fui sans idée de retour. Examinons donc ce qui a amené ces hommes à abandonner ainsi leur village, leur maison; et d'abord les Égyptiens avaient-ils quelque attachement pour le lieu de leur naissance, ou étaient-ils capables de le quitter sous le moindre prétexte. Voici quelques faits qui éclairciront ce point.

L'Égyptien n'aime pas à marier ses enfants hors de son village, aussi tous les membres de la même famille se trouvent-ils réunis dans la même localité.

Les femmes ne sortaient jamais de leur maison que pour aller puiser l'eau au canal voisin. Si l'Égyptien était jaloux de sa femme même dans son village, à plus forte raison devait-il redouter de la voir en sortir; aujourd'hui, le temps où les femmes commencèrent à aller publiquement dans les marchés, fait époque, et vous entendez souvent dire, en parlant d'un fait, cela a eu lieu avant que les femmes allassent au marché.

Le fellah est superstitieux, et quoique fataliste, il croit que l'influence d'un mauvais regard peut lui faire perdre ses plus beaux bestiaux et ses enfants.

Enfin, le respect pour les morts est tel chez eux, que chaque famille possédait une tombe où tous ses membres étaient ensevelis, et l'on considérait comme un grand malheur qu'un des membres portât ses cendres hors de la tombe de leurs pères. Que l'on juge, par ces faits, que je ne fais qu'indiquer si l'Égyptien devait être attaché à son village, il a donc fallu de puissants motifs pour briser tous ces liens, car aujourd'hui, village, famille, tout est perdu pour lui; il n'a plus d'attachement pour rien, il est devenu vagabond!

Je rangerai les causes qui ont amené ce triste résultat sous quatre chefs : 1° antagonisme entre les habitants d'un même village, d'une même famille, excité, développé par l'administration; 2° répartition inégale d'un impôt excessif; 3° recrutement militaire; 4° mode d'exécution des travaux publics.

Première cause de l'émigration.

HAINE DES HABITANS ENTR'EUX EXCITÉE PAR LE GOUVERNEMENT.

Depuis des siècles l'Égypte, partagée entre un nombre très considérable de maîtres, avait cessé d'être une nation ; les habitants, divisés entre eux en partis plus ou moins étendus, en castes plus ou moins puissantes, présentaient dans chaque village le spectacle de haines fortement enracinées, et souvent même cimentées par le sang. Les gouvernants sentant bien qu'ils étaient trop faibles pour résister à cette population si elle savait s'unir contre eux, favorisaient et excitaient ces haines; mais aussi longtemps qu'ils restèrent simples spectateurs de leurs luttes, les partis, tantôt vaincus, tantôt vainqueurs, obligés de payer à leurs maîtres les pertes qu'entraînait la victoire lorsqu'ils étaient vainqueurs, appauvris par la défaite lorsqu'ils étaient vaincus, conservèrent un équilibre qui leur permît de conserver, grâce à la richesse du sol, une prospérité assez grande; mais lorsque à cette autorité faible, divisée, vint à se substituer une autorité unique, forte, toute puissante, l'équilibre fut rompu et le plus fort fut celui qui sut mettre dans ses rangs le maître commun. Pour flatter cette autorité, pour s'attirer sa protection, il fallait lui donner beaucoup d'argent, lui indiquer les moyens d'en obtenir beaucoup. Dès lors ce fut à qui s'avilira it le plus; pour parvenir à être écouté du chef on faisait des présents, et une fois qu'on était parvenu à capter sa confiance on lui désignait les victimes dont on exigeait le sacrifice, et alors, sous le prétexte du bien du gouvernement, on dépouillait le malheureux au point de l'obliger à quitter le village, où à voir consommer sa ruine; alors on vit des fils dénoncer leur père, des frères obligés d'abandonner le toit paternel pour éviter des poursuites dirigées par un frère; les uns pour acquérir de l'autorité; les autres, par esprit de vengeance, se firent délateurs. Tous s'avilirent et les liens qui unissaient la famille furent rompus. Alors il suffit, pour posséder le champ de son voisin, de le poursuivre au moyen de l'agent du gouvernement, jusqu'à l'obliger à quitter le village, on en devenait possesseur jusqu'au jour où, épuisé soi-même par tant de sacrifices, on se voyait supplanté par celui qu'on avait dépouillé, et qui à son tour venait vous rendre au centuple tout ce qu'il avait eu à souffrir.

Si vous parlez aujourd'hui avec un cheik d'un village, d'un autre cheik son ennemi, il ne manquera pas de vous énumérer le nombre de bastonnades qu'il lui a fait infliger par tel ou tel gouverneur, les sommes qu'il lui a fait payer, enfin le nombre de fois qu'il l'a obligé d'abandonner le village.

Le gouvernement a toujours été convaincu que les habitants possédaient des trésors immenses; les besoins excessifs qu'il se créait l'obligeant à leur en arracher la plus grande partie possible, il fallut d'abord connaître les individus qui les possédaient pour les forcer à les livrer; or, le seul moyen d'y parvenir était la division, la délation organisée.

Je ne m'étendrai pas davantage et je ne citerai pas les faits, je craindrais d'empiéter sur le mémoire où je traiterai de l'administration.

Deuxième cause.

MAUVAISE RÉPARTITION DE L'IMPOT.

Il est, je crois, superflu de faire connaître combien l'impôt, en Égypte, a été poussé dans ses limites extrêmes; déjà il devient proverbial, et dernièrement, sur un de nos théâtres, on a entendu sur la scène prononcer ces paroles : « Je t'imposerai comme un dattier d'Égypte. » On sait en effet que les terres complantées de dattiers paient d'abord l'impôt foncier comme les terres qui ne le sont pas, plus un impôt par pied d'arbre qui, suivant leur taille, varie de 0, 38 cent. à 1 fr. 75 c.

Mais ce qu'on ne connaît peut-être pas, c'est l'impôt personnel d'après lequel un pauvre tisserand qui travaille la laine paie 75 fr. par an, celui qui tisse la toile 108 fr., un bourriquier qui, dans les rues du Caire ou d'Alexandrie, use ses forces à courir après un baudet qui ne lui appartient pas, 38 fr.; s'il possède un de ces animaux, son impôt augmente et peut aller à 100 fr. et au-dessus. Impôt de 10 pour cent à la consommation dans les villes, impôt sur les marchés, impôt sur les employés, sur lesquels on prélève d'abord un mois de solde, plus un impôt sur le paiement qu'on prélève sur eux en les obligeant à négocier leurs bons sur le trésor ; or, le gouvernement ne les acceptant en paiement qu'avec une perte considérable, il est arrivé que les employés ont dû perdre jusqu'à 36 et 40 pour cent de leur paie. Nulle part, je crois, gouvernement n'a su mieux établir des impôts de toute sorte et sous toutes les formes. Ce dernier constitue même une vraie banqueroute ; mais quelque excessif que puisse paraître l'impôt, je dis que ce qui a déterminé l'émigration de la population, c'est plutôt son inégale répartition que son énormité.

Durant les premières années du gouvernement du vice-roi, l'impôt était réparti par des Turcs appelés *cachef*, entre lesquels étaient distribuées les diverses provinces de l'Egypte : chacun d'eux se transportait dans le chef-lieu de district de sa province, avec un grand appareil de forces ; là ils mandaient les chefs de village et faisaient connaître à chacun la somme qu'ils exigeaient de leur village ; cette répartition ainsi faite par ce fonctionnaire, non seulement n'avait aucune garantie d'équité, puisqu'il n'existait pas de base sur laquelle on pût appuyer l'impôt, mais le plus souvent et presque toujours la plus grande injustice présidait à cette répartition. Un village payait d'autant moins qu'il avait fait au cachef un cadeau plus fort ; de tous ces fonctionnaires dont j'ai pu voir un bon nombre, il n'en est que deux qui sont cités par les fellahs comme n'ayant pas accepté d'offrandes particulières.

La répartition ainsi faite entre les villages, les cheiks restaient seuls arbitres de la répartition entre les habitants. Or il est facile de concevoir que leurs ennemis d'abord, que les cultivateurs les plus faibles ensuite, supportaient la plus grande partie de la charge, et qu'eux et les leurs étaient épargnés, si même ils ne prélevaient pour eux un excédant sous prétexte des cadeaux à faire, ce qui est connu sous le nom de frais. Ces injustices avaient bientôt lassé ceux qui en étaient les victimes, et pour les éviter le seul moyen qu'ils pussent employer, c'était la fuite, et ils abandonnaient leurs villages.

Plus tard, de 1228 à 1235, il a été fait un cadastre pour établir l'impôt, et il fut créé des préfets (moudïr), des sous-préfets (mamoùr), enfin des espèces de maires (kaïmacam) pour le percevoir. On pourrait croire que ce cadastre avait pour objet d'affecter à chaque cultivateur des terres dont il paierait l'impôt sans qu'il pût être contraint à en payer d'autre, ce qui aurait établi l'équité dans le paiement de l'impôt. Mais ce serait là une grave erreur. Le cadastre fut établi pour fixer l'impôt de chaque village, pour établir les revenus du fisc sans rien faire pour leur répartition. En effet, le cadastre contient le nom de chaque parcelle, sa contenance, et le taux de l'impôt, mais il n'indique pas le nom du cultivateur. Il existait dans chaque village un autre registre qu'on appelait *mekallêfê* (distribution), c'est dans ce registre que tous les ans on inscrivait le nom de chaque cultivateur et les terres qu'il devait cultiver.

Cette distribution des terres entre les divers cultivateurs était faite sous l'influence des cheiks. Dès lors ils ne manquaient jamais de donner une grande étendue de mauvaise terre à leurs ennemis, souvent ils cultivaient eux-mêmes une terre, et en faisaient payer l'impôt à un autre; un cultivateur avait-il amélioré sa terre par une culture de trèfle, ils la lui arrachaient pour y en substituer une qu'ils avaient épuisé par des cultures altérantes.

Comment les malheureux auraient-ils pu payer l'impôt, lorsque la répartition en était ainsi faite? le seul moyen d'éviter leur ruine était de fuir, et ils abandonnaient leurs villages.

Mais, dira-t-on, ils pouvaient recourir à l'autorité supérieure, à Son Altesse même, s'ils n'obtenaient pas justice.

Rien ne leur était en effet plus facile, mais outre qu'en dénonçant les exactions de leurs cheiks, ils s'exposaient à de terribles représailles, car ils avaient sur eux des droits très grands. L'argent qu'on leur avait extorqué servait à gagner tout l'entourage du dépositaire de l'autorité, cet homme lui-même; comment auraient-ils trouvé justice devant de tels juges. Le recours à Son Altesse leur était facile, mais parmi le grand nombre qui ont employé ce moyen, fort peu ont eu lieu d'en être satisfaits, car ils sont toujours jugés sur le rapport de cet agent du gouvernement que leur spoliateur a su gagner; et d'ailleurs le gouvernement lui-même n'a-t-il pas favorisé cette répartition arbitraire de l'impôt, loin de chercher à la réprimer?

Qu'est-ce en effet que le principe de la solidarité de tous les cultivateurs du même village, de tous les villages de la même province, de toutes les provinces de l'Egypte? autre chose que la faculté donnée à celui qui fait la répartition d'épargner son ami sous prétexte qu'il n'a pas, et de surcharger son ennemi en le présentant comme très fortuné. S'il restait encore quelques doutes sur cette funeste participation du gouvernement, ce que je vais dire suffira pour les dissiper.

En 1248, le vice-roi ordonna qu'on répartît les villages arriérés dans le paiement de l'impôt, entre ceux qui ne l'étaient pas, à la charge pour ces derniers de payer leur arriéré. Chaque village ayant payé se vit donc attacher un ou plusieurs villages arriérés. Les conditions auxquelles devait avoir lieu cette alliance étaient énoncées dans l'ordre de Son Altesse qui portait que les villages arriérés étaient vendus aux villages chargés de payer leur impôt; que ceux-ci feraient comme ils l'entendraient pour s'acquitter envers le gouvernement; que les hommes seraient regardés comme leurs esclaves et tout ce qu'ils avaient comme leur propriété.

Cet acte seul suffirait pour démontrer que le gouvernement toujours vivement préoccupé de faire rentrer l'impôt, loin de s'occuper de le répartir d'une manière équitable, a tout fait au contraire pour le livrer à l'arbitraire le plus absolu. Les effets d'une semblable mesure pouvaient être prévus d'avance et sont très faciles à concevoir.

Parmi les villages ayant payé, auxquels on avait adjoint des villages arriérés, les uns, dont les chefs avaient de l'autorité, firent main basse sur les villages qui leur étaient vendus et les ruinèrent complétement; les autres, obérés par cette nouvelle charge ne purent y suffire, et furent bientôt eux-mêmes aussi arriérés que ceux qu'on leur avait adjoint.

Qu'on me permette de citer, à l'appui de ce que je viens de dire, deux exemples pris entre un grand nombre que je pourrais citer. Le village de Démiré, un de ceux que je dirigeais, était jadis un des plus riches de la province de l'ouest (gharbïeh), il fut adjoint à Biélé, autre village de la même province, beaucoup moins important, mais qui ayant eu parmi ses habitants, un homme, le nommé *Mohammed abou Youssouf*, qui avait été revêtu de l'autorité de sous-préfet et même de préfet, avait vu sa prospérité s'accroître aux dépens de celle des autres villages. Lorsque cette espèce de vente fut effectuée, Démiré était arriéré de 37 mille francs, environ une année de son impôt. Les habitants de Biélé en étant devenus en quelque sorte possesseurs à la seule condition de payer cet arriéré, commencèrent par faire main basse sur tout ce qu'ils trouvèrent ayant quelque valeur. Ainsi les récoltes de grains, de graine de trèfle, qui se trouvaient sur les sols furent saisies par eux. Le village possédait de superbes plantations de mûriers, ils les coupèrent tous et en construisirent des barques et des *sakies* (machines hydrauliques) qui existent encore dans Biélé; j'ai vu moi-même les troncs innombrables de ces arbres. Ils s'emparèrent de presque tous les bestiaux, buffles et moutons qu'ils possédaient, ils se saisirent des meilleures terres, les firent cultiver par les habitants de Démiré sans leur donner aucune rétribution, et emportèrent les récoltes. Ils commirent toute espèce d'exaction, ils se livrèrent au libertinage le plus dévergondé, au point qu'un habitant de Démiré est pour toute la province un objet de dérision et de mépris, pour avoir souffert toutes les indignités que ces maîtres d'un nouveau genre leur firent essuyer. Et malgré toutes ces déprédations, Biélé ne paya pas un centime de l'arriéré de Démiré, car un an et demi après il fut pris dans les domaines dont il fait partie aujourd'hui, avec un arriéré plus fort, mais il n'avait plus que le quart de sa population, les trois quarts s'étaient enfuis.

L'année dernière les habitants de Démiré m'engageaient à demander au gouvernement la restitution des sommes que les habitants de Biélé leur avaient extorquées, et qu'ils s'étaient appropriées; en les énumérant, ils les feraient monter à 100 milles francs.

Le village de Sananieh, situé sur la rive gauche de la branche de Damiette, en face de cette ville, fut chargé du village de *Kafr Atté* qui en est éloigné d'environ huit lieues, à cette distance il ne put rien faire pour obtenir que ce village payât la moindre partie de son ariéré, il dut lui le payer tout entier; mais avant d'avoir atteint ce but, il était obéré, avait perdu un grand nombre de ses habitants, et sa ruine eût été complète si un négociant de Damiette ne fût venu le décharger en prenant à son compte le village de Kafr Atté.

Troisième cause.

LE RECRUTEMENT MILITAIRE.

On conçoit facilement, d'après ce que j'ai dit, que cet impôt, le plus terrible et le plus redouté des habitants, dut être aussi le plus injustement réparti : il dut porter d'abord sur les faibles, sur les gens sans soutien, sur la classe des travailleurs qui ne possèdent rien ; aussi qu'arriva-t-il? c'est qu'après les premières levées, toutes les fois qu'on voulait obtenir des hommes, il fallait user du plus grand secret, car dès que la première nouvelle en parvenait au village, on voyait tous les gens valides l'abandonner. Les premières fois ils revinrent après que le contingent exigé fut fourni, mais continuellement inquiétés, obligés d'être toujours aux aguets pour recueillir le moindre bruit d'une levée d'hommes, ils préférèrent bientôt le séjour tranquille d'un lieu éloigné à celui si agité de leur propre village, et ils entraînèrent avec eux leur famille. Ceux qui n'eurent pas le bonheur de se soustraire ainsi par la fuite, payèrent de leur personne sans aucune justice. Il existait dans le village que j'ai habité pendant près de cinq ans, *Mit-zunkour*, une veuve qui avait quatre enfants et se les était vu arracher tous les quatre pour en faire des soldats; cette malheureuse les avait accompagnés avec le reste de sa famille en Syrie et partout où ils étaient allés, que lui restait-il au village? rien ; ainsi le recrutement en portant principalement sur les habitants des campagnes qui ne possédaient rien, hâtait leur dépopulation d'une manière rapide et augmentait la population errante.

Après quelques années, les fellahs devinrent tellement méfiants, ils étaient si aisément mis en émoi et abandonnaient leurs villages avec tant de facilité, que pour obtenir des hommes ont fut obligé d'avoir recours à des ruses nouvelles. Ainsi le gouverneur de la province du *Ghurbieh* demanda dans toute sa province un certain nombre de travailleurs pour établir le jardin qu'il voulait faire à *Mahalletel Kibir*, le chef-lieu, et lorsqu'ils furent réunis au nombre de deux mille environ, il les fit entourer de troupes, et là on choisit et l'on fit soldat tous ceux qui furent jugés propres au service; on en prit sept cents, et cette rafle est encore célèbre dans les souvenirs des habitants, sous le nom de prise du jardin. D'autres fois on faisait entourer les marchés, les foires, pour y prendre des soldats; enfin on se vit contraint d'employer toute espèce de ruse pour trouver des hommes sans les prendre au village, tant la levée des soldats les dépeuplait rapidement.

Quatrième cause.

LES TRAVAUX PUBLICS.

Si l'on considère les grands et nombreux travaux exécutés par Mohammed-Aly, on est disposé à lui accorder un grand mérite, et à partager l'enthousiasme produit par le creusement rapide du canal du Mahmoudïé, mais en les examinant plus attentivement, on reconnaît que tous ces travaux sont faits sans aucun plan général, sans idée d'unité; que la plupart exécutés par le seul caprice du vice-roi devant lequel a dû plier le savoir d'ingénieurs capables attachés à son service, loin d'atteindre le but proposé, ont produit des effets contraires; que d'autres, assez bien conçus, ont été mal exécutés; que ceux qui ont réuni toutes les conditions de réussite, par suite de la mauvaise administration, ont produit plus de mal que de bien, et qu'enfin la manière dont les uns et les autres ont été exécutés, a causé au pays une perte immense par le nombre des victimes, et surtout par la quantité innombrable d'habitants qu'elle a forcés à fuir leurs villages.

Je traiterai les trois premières propositions dans le mémoire sur les travaux publics; ce qui doit m'occuper ici, c'est seulement la deuxième partie de la quatrième proposition. Pour la mettre hors de toute contestation, il me suffira de faire connaître succinctement les procédés employés dans l'exécution des travaux publics.

Lorsqu'il a été arrêté par le vice-roi qu'un travail serait exécuté (j'ai ici principalement en vue les canaux et les digues), et que le nombre d'hommes nécessaires à son exécution dans le temps fixé a été déterminé par les ingénieurs, l'ordre est donné aux gouverneurs d'une ou plusieurs provinces de fournir le contingent d'hommes nécessaire à l'exécution du travail; ainsi dans le creusement du Mahmoudié on avait réuni des hommes de toutes les provinces de la basse Égypte, depuis Ghizé. Le gouverneur qui n'a pas pour se guider d'état de la population de chaque village de sa province, puisqu'il n'existe pas de recensement, ni de registre de l'état civil, doit prendre pour base l'état de l'impôt de la capitation qui fut dressé il y a quinze ou dix-huit ans; il est vrai que depuis cette époque si pas un village n'a augmenté de population, ils ont diminué dans une proportion bien différente; mais ce document étant le seul qu'il possède, il est bien forcé de le prendre pour base. La répartition ainsi faite, pèse surtout sur les villages pauvres, car ce sont eux qui ont éprouvé la plus grande dépopulation; cet état dressé est expédié aux villages; là, vous croiriez que l'on prendra pour base, ou la fortune de chaque habitant, ou au moins le nombre des individus qui composent chaque famille, nullement, voici ce qui a lieu.

On prend d'abord parmi les ennemis du cheik, les ouvriers, les cultivateurs pauvres; s'il y a au village un orphelin sans famille, sans appui, il sera en tête de la liste; un malheureux n'ayant que le travail de ses mains pour subvenir aux besoins de ses enfants, il sera dans le nombre. Dans la plupart des travaux on exige le tiers d'hommes capables de manier la houe, et les deux tiers d'enfants qui puissent porter la terre. On y enverra des enfants très jeunes, de jeunes filles; les femmes en étaient exemptes autrefois, mais depuis que la dépopulation a fait de grands progrès, un grand nombre y sont envoyées; là, jeunes garçons, jeunes filles, femmes, éloignés de leurs familles, livrés à la merci de chefs absolus, seront exposés à toute espèce d'outrage, et il n'est pas de réunion d'hommes où la débauche soit plus effrénée que dans celles des travaux publics.

Les individus désignés par le cheik sont amenés un à un par ses agents, et mis sous clé jusqu'au moment du départ; ils sont alors confiés à un chef qui en est responsable; ils partent emportant du pain d'orge creux et sec pour deux ou trois jours, et de la farine d'orge ou de maïs pour cinq ou six jours; ils vont ainsi faire dix, quinze, et jusqu'à vingt lieues; en route, ils coucheront dans quelque enceinte fermée, en plein air et couchés sur la dure. Au travail, ils sont constamment pressés par le fouet de leur chef, qui, craignant de recevoir lui-même la bastonnade s'il est en retard dans sa tâche, prodigue les coups à ces malheureux pour les éviter lui-même. Ils travailleront ainsi dix, douze heures par jour, ne se reposant qu'une heure seulement pour prendre un repas. Leur nourriture se composera d'une espèce de pain fait de farine d'orge ou de maïs délayée dans l'eau et cuit sous la cendre; quelques-uns pourront y ajouter du fromage fait avec le lait écrémé; le plus grand nombre n'auront à y ajouter que du sel et des herbes cueillies dans les champs. J'ai vu réunis, travaillant dans les villages que je dirigeais, jusqu'à dix et douze mille individus venus de diverses provinces; ailleurs qu'en Egypte, cette agglomération d'hommes aurait été accompagnée de bouchers, de marchands de comestibles de toute espèce; là, je n'ai jamais vu que des marchands d'oignons, de radis et de salade, avec une semblable nourriture, les travailleurs coucheront sur le sol, en plein air, ou s'ils n'ont pas d'habits pour les garantir du froid des nuits, ils creuseront des trous dans la terre qu'ils recouvriront de branches d'arbres ou d'herbes sèches.

Au village, les parents des travailleurs se réuniront pour aller à tour de rôle porter les vivres, c'est-à-dire la farine, sur les chantiers. Ce sont les femmes qui doivent faire ce trajet portant sur la tête des corbeilles de farine dont le poids les écrase, et cependant elles doivent faire plusieurs lieues avant d'arriver. Mais celui qui n'a laissé au village personne qui s'intéresse à lui, celui-la vivra quelque temps des aumônes que chacun lui fera, mais ses compatriotes se lasseront bientôt de donner ainsi une part de leur nécessaire, et alors, sentant les étreintes de la faim, il prendra la fuite, certain de trouver partout hors de son village de quoi vivre en travaillant.

Le père de famille à qui sa femme annoncera, après avoir fait un ou deux voyages, que la provision de grain est épuisée, s'échappera pendant une nuit et ira au village d'où il s'enfuira avec toute sa maison. Ainsi le besoin, la faim en fera d'abord échapper quelques-uns; mais la tâche ne diminuant pas avec le nombre, les mauvais traitements, les coups augmenteront : le nombre des fugitifs deviendra de plus en plus grand, et il est très ordinaire que pas un des hommes partis pour les travaux ne retourne au village.

De semblables faits paraîtront bien extraordinaires, mais on les concevra si l'on réfléchit que les travaux de ce genre ne sont jamais rétribués, aussi les appelle-t-on *soukhra*, travail sans paye, et si vous demandez à un cheik d'un village d'Égypte la cause de la ruine de son village, il vous répondra : les impôts trop forts, les soldats et les travaux publics.

Encore si ces travaux se bornaient au creusement des canaux et à la confection des digues où tous les villages concourent, la charge serait moins lourde, mais depuis que le vice-roi et les membres de sa famille ont pris des villages qu'ils exploitent à leur compte (*chyflic* domaine), c'est une translation continuelle des populations. Les domaines n'ont pas assez de bras pour suffire aux travaux de l'agriculture, on fait venir des hommes de tous côtés.

Les Européens qui avaient pris des villages à exploiter, ont été obligés de les abandonner, parce que à toutes les époques de l'année on leur arrachait leurs travailleurs pour les envoyer dans les domaines; et qu'ils se sont vus par là obligés de laisser perdre leurs produits faute de bras pour les récolter.

Le vice-roi fait venir des hommes de la province de l'est, dans ses domaines de la province de l'ouest, de huit à dix lieues de distance. S. A. Ybrahim-Pacha fera moissonner ses riz des environs de Damiette par des hommes venus de la pointe du Delta, de dix-huit à vingt lieues. Saïd-Pacha fera sarcler ses riz des environs de Rosette, par des hommes pris dans la province de l'est, dans les environs de Mit-Gamar, à une distance de vingt à vingt-cinq lieues. Enfin, surtout depuis quelques années, l'habitant d'Égypte n'ayant plus de terre à exploiter pour son compte, est devenu entre les mains des nouveaux propriétaires une vraie machine à travail que l'on transporte d'un lieu à un autre suivant les besoins. Or, dans toutes ces translations, il souffre, et le seul moyen qu'il puisse employer pour faire cesser cet état, c'est la fuite, car le titre d'étranger seul, dispense de ces terribles corvées.

Telles sont les causes principales qui ont amené l'état de vagabondage qui existe aujourd'hui, et qui va toujours augmentant. Examinons maintenant quels sont les moyens que le Gouvernement a employé pour les faire cesser.

Moyens employés pour ramener les émigrants.

La passion dominante du vice-roi, c'est l'amour de l'autorité, mais de l'autorité absolue qui ne souffre ni opposition, ni contrôle. Je démontrerai dans un autre mémoire sur le caractère particulier du vice-roi, l'assertion que je viens d'émettre, aujourd'hui il me suffira de faire observer que si c'est à cette passion qu'il a dû de détruire le pouvoir des maîtres divers qui possédaient l'Égypte, de reculer les limites de ses états au-delà de régions lointaines, c'est aussi à cette passion qu'il faut en grande partie attribuer l'état malheureux où se trouve l'Égypte, et en particulier le vagabondage qui nous occupe.

En effet, les moyens employés par lui ont toujours reconnu la force pour principe. Un malheureux qui abandonnait son pays, fut toujours considéré comme voulant se soustraire à son autorité, bravant ses volontés; et les moyens les plus violents furent seuls employés pour le forcer à rester chez lui.

A six lieues environ au-dessus de Fouah, sur la rive droite du Nil, on voit un grand village qui s'appelle *Mahallet-abou-Aly*. C'est par là qu'arrivent au Nil les personnes se rendant de la basse Égypte à Alexandrie. Sa position, jointe à la fertilité de son sol, lui avait procuré un état assez florissant dont les vestiges subsistent encore. Ainsi à l'entour du village, de nombreux jardins, dont le sol n'est plus cultivé, dont les murs d'enceinte sont en grande partie écroulés, et le plus grand nombre des arbres à moitié mort. Dans l'intérieur, des maisons grandes, bien bâties en briques rouges, mais dont les fermetures ont été enlevées, et qui sont privées d'une partie de leurs toitures. Enfin, sur le bord du fleuve, des restes de nombreuses boutiques toutes délabrées et tombant tous les jours en ruine. Si dans cette localité vous demandez à un habitant qu'elle est la cause de la ruine de son village, il vous répondra : « Nous avions un chef qui nous dirigeait tous et nous protégeait, cet homme nous fut arraché, et depuis ce jour nous avons été comme un troupeau de moutons qui, privés de leur berger, ne savent où ils vont et restent exposés à la merci du loup. » Si vous lui demandez comment ils ont perdu ce chef, il vous montrera une grande maison, qu'à sa vaste étendue vous reconnaîtrez aisément pour l'habitation d'un homme influent dans le village; alors il vous dira, après avoir regardé autour de lui pour s'assurer qu'il n'est entendu par aucune oreille ennemie, « c'est là sa maison, c'est à cette porte qu'il fut pendu par ordre du Pacha, » et il vous racontera cette histoire.

« Le pacha avait réuni au chef-lieu les principaux chefs de la province, et il leur avait fixé un terme pour le paiement d'une portion de l'impôt. Ce terme était trop court; mais qui aurait osé demander qu'il fût prolongé? notre chef de retour chez nous, mit tout en œuvre pour faire rentrer l'impôt exigé; mais le temps fixé était arrivé et il n'avait pu réussir à en obtenir qu'une faible partie. Alors il apprend que le pacha vient d'arriver à son château de *Kafr-Magar*, que vous apercevez d'ici. La crainte s'empare de lui, il ne doute pas que Son Altesse va le faire appeler; comment se présenter devant lui sans avoir exécuté son ordre? Ses craintes augmentent, il quitte le village pendant la nuit et se rend à Alexandrie pour prier M. Tozzissa, consul-général de Grèce, l'ami du pacha, d'intercéder pour lui obtenir un nouveau délai; et il a le malheur de ne pas le rencontrer. Cependant des *kaouass* (espèce de gendarmes) du pacha viennent ici pour le prendre, et ne le trouvant pas, se mettent à sa poursuite. Ils le rencontrent à la campagne que possède le consul sur le canal du Mahmoudië, ils le saisissent, l'amènent ici, et le même jour on le pendait à la porte de sa maison. »

L'année dernière les Européens qui habitent le Caire et vont souvent se promener sur la belle chaussée de Choubrah, auront pu voir pendu aux accacias qui bordent la chaussée auprès du palais, le chef du village de Minieh, que l'on rencontre le premier à droite en sortant du Caire pour aller à Choubrah. Le crime de cet homme, le voici : un ordre émané de Son Altesse, quelque temps auparavant, portait que tous ceux qui avaient des fuyards chez eux devaient les saisir et les amener à l'autorité, et qu'après un délai de trente jours, quiconque serait trouvé en réceler quelqu'un serait mis à mort. Ce chef fut accusé par le directeur du jardin de Choubrah, non pas d'avoir chez lui des réfugiés, mais d'en avoir eu et de les avoir laissé s'échapper au lieu de les livrer. Cet homme eut beau attester qu'ils étaient partis à son insu et avant qu'il pût les saisir, il fallait un exemple : il fut sacrifié.

Voilà deux faits qui donnent une idée de ce qu'a fait le vice-roi par lui-même pour ramener les fuyards. Voyons ce qui a été fait par ses agents en exécution de ses ordres.

Pendant les premières années, les fuyards ne sortaient pas de la province. Un ordre du gouverneur suffisait pour les faire rentrer. Mais lorsqu'après avoir fui et avoir été ramenés plusieurs fois, ils ne trouvèrent pas d'adoucissement à leur sort, ils franchirent les limites de leurs provinces et allèrent se réfugier sous une autorité étrangère. Certains gouverneurs échangèrent leurs réfugiés; mais d'autres, refusant cet échange, faillirent à mettre aux mains les populations qu'ils gouvernaient. Tels furent *Abderahman-Bey*, gouverneur de la province de l'Est (Charghieh), célèbre par ses fastueuses dépenses et ses exécutions de Cannibale, et *Hassan-Bey*, gouverneur de la province de l'Ouest (Gharbieh), non moins célèbre par son avarice et par ses déprédations déhontées, qui ont ruiné la plus riche province de l'Egypte.

Le premier avait fait savoir à son collègue qu'il passerait le Nil et irait prendre de force les fuyards qu'on ne voulait pas lui rendre par la voie de la douceur. Hassan-Bey avait répondu à cette menace en ordonnant aux habitants de sa province de se tenir prêts à repousser la force par la force, et à rejeter Abderahman-Bey et sa troupe dans le Nil. Les populations furent quelque temps en émoi, attendant chaque jour de voir commencer une lutte si étrange. Mais déjà à cette époque le nombre des fuyards était très grand, par conséquent beaucoup de villages arriérés dans le paiement de l'impôt. C'est alors que le vice-roi commença à exploiter par lui-même et par les divers membres de sa famille les villages arriérés, et forma le noyau de ses domaines qui, s'étendant de proche en proche, occupent aujourd'hui à peu près toute l'Egypte. Il ne restait dans ces villages qu'une faible partie de leur population; il fallut d'abord la ramener. La chose fut assez facile. Qui aurait osé balancer à rendre un des hommes qui étaient devenus les cultivateurs particuliers du vice-roi? Mais après que ces hommes, toujours chassés de leurs villages par la faim et les mauvais traitements, eurent été ramenés et se furent enfuis plusieurs fois, il fut plus difficile de les découvrir, et les personnes chez qui ils se réfugiaient se familiarisant avec l'idée de retenir les fuyards du pacha, il devint de jour en jour plus difficile de les obtenir. Son Altesse Ybrahim-Pacha avait aussi pris des villages : personne n'osa cacher un seul de ses hommes, les fuyards de tous les pays, ceux même des villages du vice-roi, trouvèrent un asile inviolable dans ses propriétés, bientôt l'exemple devint contagieux, et comme Ybrahim-Pacha, les personnages qui possédaient des terres voulurent retenir les fuyards réfugiés chez eux. Tandis que dans les premiers temps un simple écrivain, accompagné de quelques *kaouass* du gouvernement, suffisait pour les réunir ; il fallut, pour obtenir le même résultat, employer une plus grande autorité. Ainsi, ce furent des colonels, des généraux qui, porteurs d'ordres de Son Altesse, se rendirent dans les villages pour ramener les fuyards. Plusieurs, soit par cruauté, soit pour rendre leur tâche plus facile en intimidant les détenteurs, firent mourir sous le bâton des cheiks de village qui étaient désignés comme ayant chez eux des réfugiés, et qui jusqu'au dernier soupir assuraient ne pas en avoir. Ceci me paraît exiger d'être éclairci.

L'officier supérieur chargé de rassembler les fuyards, recevait du Gouvernement un état par province, district et village, indiquant par chaque village les noms des fuyards qui s'y trouvaient, et celui des cheiks sous l'autorité duquel ils se trouvaient. Cet état avait été dressé par les chefs des villages auxquels appartenaient les fuyards, et un des chefs de chacun de ces villages accompagnait l'officier supérieur, pour donner des informations en cas de contestation, et reconnaître ses compatriotes. Or, ces états avaient été dressés depuis plusieurs années et se trouvaient par là même erronés, un grand nombre de fuyards ayant changé de domicile dans cet intervalle, car plus le Gouvernement mettait d'activité dans ses recherches, plus les fuyards mettaient de soin à les rendre vaines et ne se fixaient nulle part. Il serait donc très difficile de dire si c'est à tort ou à raison que ces malheureux étaient ainsi sacrifiés.

Il est vrai qu'autrefois c'était un déshonneur de livrer l'homme à qui on avait donné l'hospitalité, et qu'on devait le défendre jusqu'à la mort ; mais la verge de fer du Gouvernement actuel avait fait disparaître tous ces restes d'honneurs chevaleresques, et je ne crois pas que personne eût voulu se laisser tuer pour ne pas livrer un fuyard ; mais il fallait intimider, et j'ai même ouï dire que chacun de ces colonels ou généraux, allant à la recherche des fuyards, était autorisé à faire mourir un certain nombre de cheiks. Cela ne me paraît pas improbable, car j'ai vu une lettre du pacha adressée au chef de ses domaines du district de Nabaro, dans laquelle il lui disait : « Tu dors, tu laisses voler mon bien par les fellahs, je n'ai pas encore ouï dire que tu en aies fait mourir aucun. » Toujours est-il qu'aucun des officiers supérieurs n'a été réprimandé pour un acte semblable; on s'informait soigneusement du nombre des fuyards ramenés et non pas des moyens employés pour y parvenir.

Mode de translation des fuyards.

Livrés entre les mains des hommes chargés de les ramener chez eux, les fuyards avaient à essuyer avant d'y arriver toutes sortes de privations et de mauvais traitements. Voici une lettre qui me fut adressée par un de mes amis qui se trouvait au Caire en 1843, lorsqu'on rassemblait les fuyards :

« Je revenais de ma promenade sur l'allée de Choubrah, lorsque je fus frappé du nombre considérable de bandes d'hommes enchaînés, escortés par des soldats, que je rencontrais. Ils étaient réunis par 25 et 30, au moyen d'une chaîne qui les liait ensemble par un anneau que chacun avait au cou, et ils étaient de plus liés deux à deux par un bras, au moyen de deux pièces de bois portant une échancrure assez grande pour laisser passer le bas du bras, mais pas assez pour livrer passage à la main. Ces deux pièces de bois étaient fixées par deux gros clous rivés. J'avais souvent vu conduire des hommes de cette manière, mais c'étaient toujours ou des recrues, ou des ouvriers destinés à des travaux. Or, ceux-ci ne me semblaient appartenir à aucune de ces deux catégories; ils étaient en général faibles ou vieux, et un fort petit nombre parmi eux eût été propre au service militaire. Ce ne devaient pas être des ouvriers, car on amenait toujours des ouvriers des campagnes au Caire, mais jamais du Caire dans les campagnes, et ceux-ci sortaient du Caire. Au grand nombre de femmes chargées de leurs enfants et d'ustensiles de ménage qui les suivaient, je présumai que c'étaient là des fuyards que l'on ramenait chez eux. Mes soupçons devinrent une certitude lorsque j'arrivai devant le ministère des finances; là, je vis les portes assiégées et la rue obstruée par un grand nombre de femmes du peuple. L'une demandait la faveur de porter à son mari un peu d'aliments, une autre promettait à la sentinelle une récompense s'il voulait lui permettre d'arriver jusqu'à son fils : là, une femme s'informait du jour du départ de la chaîne de sa province. Toutes paraissaient dans des transes très pénibles. En entrant dans la ville, je rencontrai partout des hommes, des femmes conduits par des soldats, accompagnés des chefs de quartier. Je fus frappé surtout de l'aspect d'une malheureuse femme qui, chargée de trois enfants dont l'aîné avait à peine cinq ans, suivait à grand'peine ses gardiens. En m'informant j'appris que le mari avait échappé aux poursuites et qu'on l'avait saisie elle et ses enfants, qui resteraient détenus jusqu'à ce qu'il vînt se constituer prisonnier. Il paraît en effet que les vieux et les invalides sont les seuls que l'on prenne facilement, tandis que les jeunes, les hommes vigoureux trouvent presque toujours le moyen de se soustraire à toutes les recherches.

Arrivé au *Mouski* je trouvai tout le quartier en émoi, toutes les conversations entre européens roulaient sur cette rafle de fuyards. A l'un, on avait pris son domestique, à l'autre, son portier; tous les fuyards qui ne pouvaient pas prouver qu'ils payaient depuis dix ans la capitation au Caire, devaient rentrer dans leur village. »

Ce que mon ami avait vu au Caire avait lieu en même temps dans toute l'Egypte; car cette fois il n'y avait pas d'officiers qui rassemblassent les fuyards; l'ordre de Son Altesse était si terrible que chacun s'empressait de saisir ses fuyards et de les livrer à l'autorité supérieure. Ainsi, en même temps une population très nombreuse était conduite, enchaînée, dans toutes les directions et ramenée dans ses foyers. Et combien de privations et de souffrances n'avaient-ils pas à essuyer? Ceux du Caire, se trouvant en grand nombre, étaient conduits directement à leur destination et n'avaient ainsi à souffrir que peu de jours. Mais dans les provinces, comme on n'avait pas assez de soldats pour les conduire à mesure qu'ils arrivaient au chef-lieu, on était obligé d'attendre qu'un grand nombre fût réuni pour chaque direction, et il arrivait souvent que les premiers arrivés attendaient vingt et trente jours dans la prison avant d'être expédiés. Pendant ce temps ils étaient entassés pêle-mêle dans des cachots étroits et dégoûtants de malpropreté. Là, ceux qui avaient quelque ressource pouvaient satisfaire les premiers besoins; car, en payant leur geôlier, ils pouvaient acheter leur nourriture; en payant on les autorisait à se procurer quelque soulagement : ils pouvaient même obtenir qu'on relâchât leurs liens. On sera sans doute étonné de voir ainsi lever un impôt sur des gens aussi malheureux; mais que sera-ce lorsque je prouverai, dans un autre mémoire, que plusieurs gouverneurs vendent au geôlier sa charge à condition qu'il fournira l'argent nécessaire à la dépense de leur cuisine?

Mais les malheureux qui ne possédaient rien, quel supplice n'avaient-ils pas à endurer? Traités rudement, souvent frappés, n'ayant pour toute subsistance que les aliments que leur donnaient leurs codétenus rendus égoïstes par leurs propres besoins, souffrant ainsi la faim et la soif, dévorés par la vermine, combien n'ont pas eu la force de résister à de pareilles souffrances, et traînés ainsi de prison en prison ont succombé avant d'arriver au terme.

Les émigrants ramenés dans leur village.

Parvenus dans leur village, sont-ils au moins arrivés au bout de leurs souffrances? Hélas il n'en est rien, et la plupart d'entre eux redoutent plus le sort qui les y attend que les souffrances de la route!

Ici nous distinguerons deux classes de fuyards: ceux qui appartiennent à des villages exploités par leurs habitants et ceux dont les villages font partie des domaines.

Les premiers s'étaient enfuis en général, parce qu'on les surchargeait d'impôts, ou parce qu'on les dépouillait injustement de leurs terres, de leurs bestiaux, etc. Mais ces injustices, quel en était l'auteur? C'était le cheik, et les voilà maintenant, pieds et poings liés, à la merci de ce même cheik. Celui-ci leur supposera beaucoup d'argent, puisqu'ils n'ont pas eu à payer d'impôt dans les pays étrangers; l'impôt qu'ils payaient dans leur village s'est accumulé pendant tout le temps qu'ils en ont été absents, et ils se trouvent débiteurs de sommes considérables. Ils auront beau protester qu'ils n'ont pas d'argent, il faudra toujours en venir à payer s'ils le peuvent et à se voir dépouillés de tout ce qu'ils possèdent ou à se voir meurtris par le bâton. Ainsi ruinés, on les obligera à cultiver une étendue de terre au-dessus de leurs forces, et, avant qu'ils aient pu en obtenir la moindre récolte, on leur en demandera l'impôt. Avec un pareil système, on conçoit qu'ils ne doivent pas tarder à abandonner de nouveau leur village. En effet, si on faisait un relevé des fuyards six mois après qu'ils sont rentrés, on trouverait que fort peu sont restés, et que ceux qui sont repartis en ont entraîné de nouveaux, de telle sorte que leur nombre est au moins aussi grand qu'avant leur retour. Ceux dont les villages font partie des domaines sont bien plus malheureux encore : ceux-ci s'étaient enfuis la plupart parce qu'ils n'avaient pas de pain à manger, quoiqu'il leur fût dû plusieurs mois de travail; de retour ils ont perdu leur droit à ce qu'ils avaient gagné. Un ordre du vice-roi porte que tout ce qui est dû à un fuyard lors de sa fuite lui sera pris et porté au bénéfice de l'administration des domaines. Or, comme on ne paiera guère que dans quelques mois le travail qu'ils vont exécuter, ils ont la perspective de souffrir toutes les angoisses de la faim avant d'être payés. D'autres avaient abandonné leur village pour se soustraire aux mauvais traitements qu'ils éprouvaient de la part des chefs sans nombre que l'administration a créés. Les voilà retombés sous leur joug, et ils les trouvent plus acharnés contre eux qu'ils ne l'étaient auparavant.

Ceux qui étaient absents depuis peu et dont les parents habitaient la maison, trouveront leur toit pour s'abriter; mais combien ne trouveront plus à la place de l'habitation de leurs pères qu'un monceau de ruines recouvertes par les immondices qu'y déposent les habitants. Pus de parents, ils sont ou morts ou dispersés. Plusieurs sont revenus qui n'ont été reconnus par aucun des habitants du village. Mais quels qu'aient été les motifs de leur fuite, quelle que soit leur position à leur arrivée, ce qu'on demande d'eux c'est du travail; aussi, pour en obtenir, on emploiera tous les moyens. Les hommes robustes porteront à une jambe deux pièces de bois réunies par des clous rivés qui, en embarrassant leur marche les empêcheront de s'échapper. Les enfants, les invalides, les femmes, seront confiés à la garde d'un homme vigoureux qui les recevra en dépôt et en sera responsable; les uns et les autres travailleront toute la journée, et le soir ils seront enfermés dans une prison où ils devront passer la nuit. S'ils ont quelques ressources, on leur procurera de quoi se nourrir; ceux qui ne possèdent rien seront nourris dans les premiers temps par leurs parents, qui se lasseront bientôt, et ils éprouveront souvent les étreintes de la faim, car la pitié est presque éteinte chez ce peuple malheureux. Cet état ne changera pour eux qu'autant qu'ils pourront s'échapper ou fournir une caution prise parmi les habitants bien notés du village, qui s'engage à les ramener dans le cas où ils s'enfuiraient de nouveau.

Les tentatives d'évasion n'ont lieu qu'après que l'activité de la surveillance s'est amollie : alors les uns percent les murs de leur prison, d'autres corrompent leurs gardiens, d'autres trompent la vigilance de leur surveillant au travail, et, favorisés par leurs compagnons de travail libres, parviennent à s'évader. Ceux qui ne peuvent pas s'évader arrivent toujours à trouver une caution et sont mis en liberté; mais, comme leur position n'est pas sensiblement améliorée, ils finissent presque toujours par s'enfuir, entraînant le plus souvent leur caution avec eux. Que l'on examine, trois mois après le retour des fuyards, ce qu'il en est resté, on en trouvera un fort petit nombre compensé par un plus grand nombre de nouveaux.

Moyens employés par le gouvernement pour fixer les fuyards dans leurs villages.

On sera peut-être étonné que le vice-roi ne fasse rien pour retenir ces hommes dans leurs villages, et que la force seule soit employée? Il est vrai qu'il a donné ordre de livrer aux fuyards nouvellement arrivés des bois lui appartenant pour reconstruire leurs maisons; mais il faut les payer, et comment bâtir quand on n'a pas de quoi manger

Mouktar-Bey, ministre de l'instruction publique, qui avait été élevé en France, fut quelque temps directeur des domaines; il avait établi qu'on donnerait par semaine à chaque fugitif rentrant une quantité de grain suffisante pour sa nourriture. Il mourut; mais, avant qu'il fût mort, cette sage mesure avait été supprimée; on trouvait qu'elle entraînait dans de trop fortes dépenses.

Moi-même j'avais donné, dans les villages que je dirigeais, le cinquième des terres aux habitants pour qu'ils les cultivassent pour leur propre compte. Je leur laissais de grandes facilités pour le paiement de l'impôt, afin de les retenir par l'attrait de la culture. Dans un conseil tenu à Alexandrie auprès de Son Altesse, je fus blâmé de cette mesure, et l'on me dit que Son Altesse avait accepté tout l'arriéré de l'impôt des villages; qu'il y avait fait de grandes dépenses en instruments, bestiaux, etc., non pas pour donner aux paysans le bénéfice de l'exploitation des terres, mais pour en recueillir lui-même les fruits, et il me fut ordonné, ainsi qu'aux autres directeurs des domaines, de laisser aux habitants seulement le dixième des terres, ainsi qu'il avait été arrêté par les ordres antérieurs de Son Altesse.

Ainsi, il n'est donc que trop vrai que le vice-roi n'a employé aucun des moyens propres à retenir les fuyards dans leurs villages; la force a toujours été le mobile de toutes les mesures.

Une fois seulement il a employé un moyen infaillible avec l'Égyptien, l'argent; mais c'était pour lui faire quitter son village, pour augmenter le nombre des fuyards!! Ce que j'ai à dire pour prouver cette assertion est tellement extraordinaire, que, si ces faits n'étaient parfaitement authentiques et à l'abri de toute contestation, je balancerais à les faire connaître.

En **1842**, le vice-roi, n'ayant plus à s'occuper que de l'Égypte et devant abandonner désormais toute idée de conquête, parut tourner ses vues vers l'exploitation de son pays. La partie la plus importante et dont l'amélioration lui était le plus directement avantageuse, c'était les domaines. Il annonça donc qu'il prendrait plus particulièrement la direction de l'administration des domaines, et débuta par convoquer à Alexandrie tous les employés de ses domaines. Là, il fut tenu un grand conseil pour aviser aux moyens de retirer des bénéfices des domaines qui jusqu'alors n'avaient procuré que des pertes. La première question qu'il posa fut celle-ci : « Mon fils Ibrahim-Pacha retire de ses villages des bénéfices considérables, moi je perds; quelles sont les causes de cette différence? » La cause principale, lui répondit-on, est que Son Altesse Ibrahim-Pacha fait dans ses villages les dépenses nécessaires, tandis que Votre Altesse ne le fait pas. Il a dans ses villages des animaux superbes et en nombre plus que suffisant. » Ordre est donné aussitôt aux gouverneurs des provinces de fournir tous les animaux nécessaires à ses domaines, et au choix de ses employés. « Il fournit à temps les instruments aratoires nécessaires. » Aussitôt toutes les fabriques, les arsenaux, et jusqu'aux ouvriers de marine, reçoivent ordre de travailler aux instruments aratoires. « Enfin, lui dit-on, il paie bien ses ouvriers; aussi a-t-il des hommes qui de tous les côtés viennent travailler dans ses villages. Il donne 25 centimes par jour à ses ouvriers, il les paie en argent, et tous les mois. » A cela que répond-il? Il ordonne que désormais, dans tous ses domaines, les habitants recevront 25 centimes et les étrangers le quart en sus, 32 centimes; que tout le monde sera payé en argent, et qu'on paiera tous les huit jours. A dater de ce jour les travailleurs des villages, la population fixe, gagnent 25 centimes, et les étrangers, les fuyards, en gagnent 32, c'est-à-dire qu'on donne une prime au vagabondage. L'effet d'une pareille mesure est facile à concevoir : des habitants des domaines qui jamais n'avaient quitté leur village l'abandonnent alors pour aller jouir de l'avantage offert aux étrangers. Les habitants des villages autres que les domaines, attirés d'abord par l'appât du gain, et connaissant d'ailleurs que, puisque le vice-roi payait plus cher les étrangers, ils trouveraient dans ses domaines un asile inviolable contre les exactions de leurs cheiks, y accourent de toutes parts; dans peu de temps les domaines regorgent de fuyards. Le vice-roi demande à de courts intervalles l'état des étrangers arrivés dans chacun de ses villages. Attirer les étrangers le plus possible est devenu l'affaire principale : c'est, parmi tous les employés, à qui en aura un plus grand nombre. Ne pouvant pas les payer plus de 32 centimes, ils les attirent en les payant presque sans travail. Qu'arrive-t-il de là? c'est que les étrangers augmentent dans une proportion très grande, les habitants diminuent. Les dépenses augmentent considérablement, et à la fin de l'année, au règlement de comptes, on trouve des pertes plus considérables que celles des années précédentes; la mesure avait été maintenue un an et demi. Le vice-roi conclut du résultat obtenu que la cause des pertes n'est pas le manque de dépenses, puisqu'en les augmentant il n'a pas cessé de perdre; alors il revient à l'ancien système, dont la base est : ne pas dépenser, c'est gagner. Il supprime l'excédant de paye des étrangers : il paie en denrées, il diffère les paiements comme auparavant. Dès lors les étrangers quittent ses domaines, et ils se trouvent avoir de moins tous les habitants que l'attrait d'un plus grand gain avait engagé à abandonner leur village. Ainsi, par cette mesure inqualifiable, le nombre des fuyards de ses domaines comme des autres villages fut augmenté.

Désespérant désormais d'attirer les fuyards dans ses domaines, il veut avoir recours à son système dont il ne s'est départi qu'un moment, mais pour obtenir le résultat qu'il désire il faut que ses ordres soient exécutés par tout le monde. Il fait d'abord signer par Ybrahim-Pacha, puis par ses autres fils, leur adhésion à la restitution des fuyards, et fort de leur signature, il rend cet ordre si sévère, qui a bien fait rentrer un bon nombre de fugitifs ; mais la première terreur passée on a cherché à éluder cet ordre, les fuyards ont trouvé asile partout et leur nombre a été aussi grand qu'auparavant; c'est alors que ne sachant plus quel moyen employer il eut recours au conseil de la justice, dont le rapport occasionna l'abandon momentané des affaires et le projet de retraite à la Mecque, ainsi que nous l'avons vu plus haut.

Etat actuel de l'émigration.

Voici quel est aujourd'hui l'état des fuyards. Personne ne pouvant plus refuser de livrer ceux qui sont trouvés chez lui. Chaque village met en campagne un ou plusieurs de ses cheiks pour aller à leur recherche. Les uns n'ayant que peu à gagner à les ramener, puisque les villages sont la propriété d'autrui, transigent avec les fuyards et leurs détenteurs, et moyennant une rétribution, non seulement ils cachent leur retraite, mais même ils favorisent l'évasion de nouveaux. Ils se forment ainsi un certain revenu qu'ils viennent percevoir à certaines époques de l'année.

Les autres préférant exploiter les fuyards dans leur village, les poursuivent à outrance, les traquent partout et les forcent à abandonner l'Egypte. L'émigration de la population égyptienne est l'expression la plus complète de son état malheureux. Pour remédier à cet état, il faudrait des mesures radicales qui changeassent la base de toute l'administration; mais qu'attendre d'un gouvernement qui ne voit pas dans l'Egypte une nation dont le bien-être est indispensable à sa prospérité propre, mais qui au contraire, fier d'avoir conquis un pays et des hommes qui sont sa propriété, est persuadé que ceux-ci doivent travailler pour lui, sans avoir, sur le fruit de leur travail, d'autre droit que celui qu'il lui plaira de leur accorder.

De l'émigration des habitants de la Nubie.

J'ai dit plus haut que les fuyards de la basse Nubie avaient été une des causes de la guerre projetée contre le Darfour, et que les fuyards de la haute Nubie auraient fait porter la guerre en Abyssinie si les gouvernements Anglais et Français n'y avaient mis obstacle. Deux années de séjour dans ces contrées m'ont mis à même de connaître les causes qui ont amené ces habitants à fuir leur pays, mais dans la crainte de donner trop d'étendue à ce mémoire, et aussi pour ne pas empiéter sur ce que j'aurai à dire sur ces contrées, je me bornerai à faire connaître sommairement quelques faits, me réservant de les expliquer avec plus de détail dans un de mes prochains mémoires.

Dans les premiers jours de mai 1837, j'arrivai à Dongolah, nouvelle capitale de la province de ce nom, qui s'étend de la seconde jusqu'à la quatrième cataracte. La veille de mon arrivée je couchai avec ma caravane dans la maison d'un barbarin où j'assistai au repas du soir de la famille. Voici de quoi il se composait. On avait mis dans un pot de terre des feuilles de Bamier (*hibiscus esculentus*), plante dont le fruit seul sert ordinairement d'aliment, et des dattes malades qu'on avait ramassées autour des arbres d'où elles étaient tombées. A cette époque elles étaient de la grosseur de grosses olives, leur noyeau pouvait être broyé. On les avait réduites en pâte et ayant fait bouillir le tout, on s'en nourrissait, car c'était là le seul aliment, on n'avait pas de pain. Mais ce que j'avais vu n'était que le prélude de tableaux bien plus tristes qui devaient affliger mes regards dans la capitale.

Les avenues du marché étaient encombrées de gens, vrais squelettes ambulants qui promenaient leur misère et leur nudité, demandant à la pitié de quoi soutenir leur existence; lorsque les forces les abandonnaient ils se couchaient sur le bord du chemin, dans les lieux les plus fréquentés, et là, une main tendue vers les passants, ils ne demandaient pas l'aumône, ils n'en avaient plus la force, ils attendaient la mort qui ne tardait pas à venir. Hors de Dongolah, dans les voyages que j'ai dû faire pour m'acquitter des devoirs de ma charge, j'ai vu un grand nombre de familles n'ayant pas d'autre nourriture que les noyaux de dattes qui depuis un grand nombre d'années étaient enfouis aux pieds des arbres. Ces malheureux les déterraient, les faisaient torréfier sur leurs poêles (doka), en faisaient une espèce de pâte en les broyant avec de l'eau, et l'ayant fait cuire comme le pain s'en nourrissaient. Dans des localités où le dattier est moins commun, j'ai vu des femmes en grand nombre creusant à un pied et un pied et demi dans le fumier des stations des bestiaux, et, armées de cribles, séparant du fumier les grains d'orge et de doura dont elles faisaient du pain. Pour être bien compris, ce fait me semble exiger quelque développement.

Depuis une vingtaine d'années, à peu près, le vice-roi avait établi de distance en distance, sur toute la route, des magasins où étaient enfermés les approvisionnements, grains et paille nécessaires aux nombreux troupeaux de bœufs et de chameaux qu'il faisait venir du Soudan en Égypte. A ces magasins était adossé un enclos dans lequel les troupeaux étaient enfermés, et où ils prenaient leurs repas. Les animaux, fatigués d'un long voyage, le plus souvent surmenés, ayant à manger un grain dont ils n'avaient jamais fait usage, digéraient mal, et beaucoup de grains passaient intacts dans leurs excréments. Le fumier, déposé pendant vingt ans, avait acquis une épaisseur d'un pied et demi à deux pieds, et comme l'atmosphère est assez sèche et assez chaude pour empêcher la fermentation; le grain n'éprouvait pas de décomposition complète, il conservait toujours sa forme, quoique profondément altéré intérieurement. Les malheureux qui n'avaient pas autre chose à manger que de pareils aliments, ne tardaient pas à en éprouver les pernicieux effets; après quelques jours d'une pareille alimentation, ils se tympanisaient, leur ventre devenait énorme, et ils mouraient. Une pareille misère doit paraître impossible; aussi j'éprouve le besoin d'entrer dans le détail des faits qui doivent servir à l'expliquer.

La province de Dongolah est un pays d'abondants produits, mais pauvre par le manque d'échanges. Quelques années avant mon arrivée, lardep (1 hectolitre 80 litres) de blé ne se vendait que 4 francs, un mouton 3 francs et un bœuf 20 francs; mais cette année-là et la suivante, la même mesure de blé se vendait 60 francs, et le poids du pain que l'on vendait au marché égalait à peine celui de la monnaie de cuivre qui servait à le payer.

On doit croire que cette famine était due à un manque absolu de recolte; mais, hélas! il n'en était pas ainsi, et l'on n'avait pas même la consolation qu'offre toujours la résignation à la volonté de Dieu; car, tandis que les marchés étaient vides, que les habitants mouraient de faim, les magasins du gouvernement renfermaient des quantités considérables de grains; car, après avoir fourni aux besoins des troupes, après en avoir expédié à Kartoum des quantités considérables, tous les employés du gouvernement, toutes les personnes qui touchaient de près ou de loin au gouvernement, achetaient au prix de 5 fr. 50 cent. la même quantité de blé que l'on payait au dehors 60 fr.; moi-même j'en recevais pour l'usage de ma maison à ce modique prix, et tous les jours j'étais assiégé par des malheureux qui venaient me supplier, en m'offrant un bénéfice considérable, de leur céder une partie de ce grain : Ce n'était pas la disette de grains, c'était une infâme spéculation du gouvernement de la province, qui fit périr un si grand nombre d'habitants. Voici en quoi elle consistait :

Pendant les premières années de l'occupation turque, la province de Dongolah payait exactement ses impôts; les magasins du gouvernement se remplissaient de grains, et après qu'on avait pourvu aux divers besoins, il restait encore des excédants considérables. A cette époque, un ordre du gouverneur général du Soudan autorisa le gouverneur à vendre, au prix de 5 fr. 50 cent., au dehors, le grain qui avait coûté 4 fr., plutôt que de le laisser se détériorer dans les magasins. Lorsque le gouverneur, qui s'y trouvait lors de mon arrivée, avait été envoyé là, déjà les habitants étaient considérablement arriérés dans le paiement de l'impôt; en homme qui sait tirer parti de sa position, il comprit de suite tous les avantages qu'elle lui offrait. Les cultivateurs étaient arriérés, et il avait été envoyé là par le gouvernement pour faire rentrer au trésor ces arriérés : c'était même là une condition de sa place; car il ne devait être augmenté du traitement de 5 bourses qu'il recevait par mois, ce qui correspond au grade de chef de bataillon, à celui de 16, qui correspond à celui de colonnel, que lorsqu'il aurait fait rentrer tout l'arriéré de la province. Libre d'employer tous les moyens qu'il jugerait convenables pour atteindre ce but, il fit enfermer dans les magasins du gouvernement toute la récolte de grain, sous le prétexte de percevoir les arriérés. Les marchés se trouvant, par suite de cette mesure, entièrement vides, il se manifesta une hausse très grande; alors il s'associa l'adjudicataire de la douane, nommé Soliman Aga, et il lui vendit des grains au prix de 5 fr. 50 cent., comme il y était autorisé par l'ordre dont nous avons parlé. De cette manière, ils réalisaient des bénéfices énormes, puisqu'ils achetaient à 5 fr. 25 c. ce qu'ils vendaient 60 fr.; et, par contre, les malheureux habitants se trouvaient réduits à donner 60 fr. de leur propre grain, qu'on les avait forcé de livrer à 4 fr.

L'atrocité d'une semblable combinaison doit la faire paraître impossible; mais elle n'est que trop réelle, et j'ai vu les magasins où le douanier déposait le grain qu'il achetait des magasins du gouvernement, et je l'ai vu en extraire pour le revendre.

On conçoit que de semblables mesures devaient faire s'échapper du pays un grand nombre de ses habitants : c'est aussi ce qui arriva, et lorsque, un an après, le vice-roi, dans son voyage aux Mines-d'Or, passa dans la province, on lui représenta que la ruine du pays était due à la culture de l'indigo : il supprima cette culture, et crut avoir assez fait pour le pays.

Cependant, quelque temps après, le gouverneur dont j'ai parlé, et qui s'appelait Ali Aga, fut destitué par Akmed Pacha, nouveau gouverneur de Soudan. Ses comptes ayant été faits, on trouva 250,000 fr. d'exactions; il fut mis en prison, où il devait rester jusqu'à l'entier paiement de cette somme : je l'ai vu, il y a un an et demi, au ministère des finances; il était parfaitement libre, et pouvait circuler librement dans toutes les divisions de ce ministère, qui est immense. Depuis, Akmed Pacha étant mort. il a été mis en liberté, et avant mon départ du Caire, je l'ai vu au palais de Choubrah. Il était accueilli par les personnages les plus influents, et je suis convaincu qu'à l'heure qu'il est, il a été placé dans quelque nouveau poste.

Le douanier Soliman Aga fut aussi obligé de restituer au gouvernement une certaine somme pour les bénéfices illicites dont il avait pris sa part; mais le pays avait éprouvé un échec dont il ne se relèvera pas de longtemps. Il faudrait, pour rendre au pays son ancienne prospérité, une administration éclairée et bienveillante; or ces deux conditions ne se trouvent que rarement, je dirai même jamais réunies dans le gouvernement des Turcs. Hélas! loin de s'être amélioré, l'état de ce malheureux pays n'a fait qu'empirer, et aujourd'hui il ne contient pas le tiers de sa population; car depuis que je l'ai quitté, de nouvelles mesures administratives sont venues aggraver son état : qu'on me permette d'en dire un mot :

Mesure du gouvernement qui a augmenté le nombre des fuyards.

Lorsque le gouvernement égyptien fit la conquête du pays, il établit l'assiette de l'impôt sur les machines hydrauliques, espèce de roue à chapelet dont on se sert dans le pays pour arroser les terres pendant presque toute l'année; chacune de ces machines fut imposée à environ 75 fr. Moyennant cet impôt, le cultivateur pouvait cultiver avec sa machine autant de terrain que sa position le lui permettait, sans que son impôt augmentât, comme aussi l'impôt ne diminuait pas, quelque minime que pût être la surface du terrain qu'il exploitait. Le nombre de ces machines ne tarda pas à diminuer, et comme le total de l'impôt, qui peut fort bien être augmenté, ne saurait être diminué, il en résulta que l'impôt des machines qui avaient cessé de tourner, se reportant toujours sur celles qui fonctionnaient encore, chacune d'elles se trouva surchargée hors de toute mesure. Ainsi, pendant que je me trouvais dans le pays, le nombre de machines de la province de Dongolah, qui, primitivement, s'élevait à six cents, était réduit à trois cents, et par conséquent l'impôt de chacune d'elles était doublé. Leurs propriétaires ne pouvant plus payer un impôt aussi excessif, le nombre diminuait chaque jour, et les recettes du trésor diminuaient dans les mêmes proportions. Pour faire cesser un état de choses aussi préjudiciable au gouvernement, voici la mesure qu'on employa:

L'impôt des machines fut réparti sur les individus: on substitua l'impôt par tête à l'impôt foncier. Il est aisé de voir quelles vues dirigèrent le gouvernement dans cette circonstance. Les cultivateurs ne veulent pas exploiter de terres pour ne pas avoir à payer d'impôt, ils suppriment les machines, dans le but d'être exemptés de toute rétribution. En établissant l'impôt sur les individus, ils seront bien obligés de payer, puisqu'il sera exigible, soit qu'ils cultivent ou qu'ils ne cultivent pas. Mais le gouvernement n'avait pas prévu le cas où les cultivateurs, ne pouvant plus se dispenser de payer un impôt excessif aussi longtemps qu'ils resteraient dans leur pays, l'abandonneraient pour s'y soustraire; or, c'est là ce qui est arrivé, et je sais, d'une manière très positive, que le pays est aujourd'hui presque entièrement désert. Là les fuyards n'ont pas, comme en Égypte, la ressource de changer de localité sans sortir du pays; car, outre que cette contrée est peu étendue, car la vallée du Nil y est extrêmement resserrée, et qu'il leur serait par conséquent très difficile de s'y soustraire aux recherches de l'autorité, ils ne pourraient y trouver des cultivateurs qui fournissent à leurs besoins en échange de leur travail : car là, chacun travaille lui-même sa petite parcelle. C'est donc hors du pays qu'ils doivent se retirer, pour ne pas être forcés à payer l'impôt, et pour trouver des moyens de subsistance.

Toute la province de Dongolah, depuis la deuxième cataracte jusqu'à la quatrième, a de tout temps des rapports de commerce avec le Darfour; c'est là principalement que les habitants se sont retirés. Ceux de la province de Berber et de Sennaar ayant plus de relations avec l'Abyssinie, se sont réfugiés sur les frontières de ce royaume.

Les habitants restés dans le pays n'ayant pas pu payer l'impôt, Akmed Pacha, gouverneur général, avait fait pour lui-même ce que le pacha fait en Égypte; il exploitait pour son propre compte une quantité considérable de terrains. Celui-ci étant mort, le vice-roi envoya, l'année dernière, Akmed Pacha, Menikli et quatre généraux, qui doivent, en même temps qu'ils administreront le pays, en exploiter pour eux-mêmes une grande partie.

Je traiterai, dans un autre mémoire, de l'état des provinces du Soudan avant la conquête du vice-roi, et de l'administration qui les a réduites au point où elles se trouvent. Je bornerai là ce que j'avais à dire sur les fuyards.

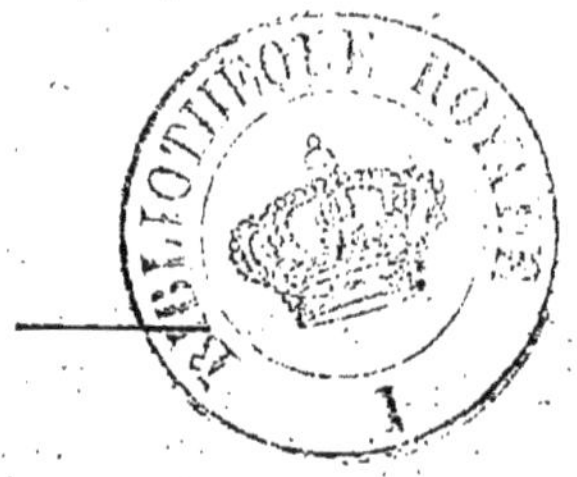

Paris.—Imprimerie de BUREAU, rue Coquillière, 22.

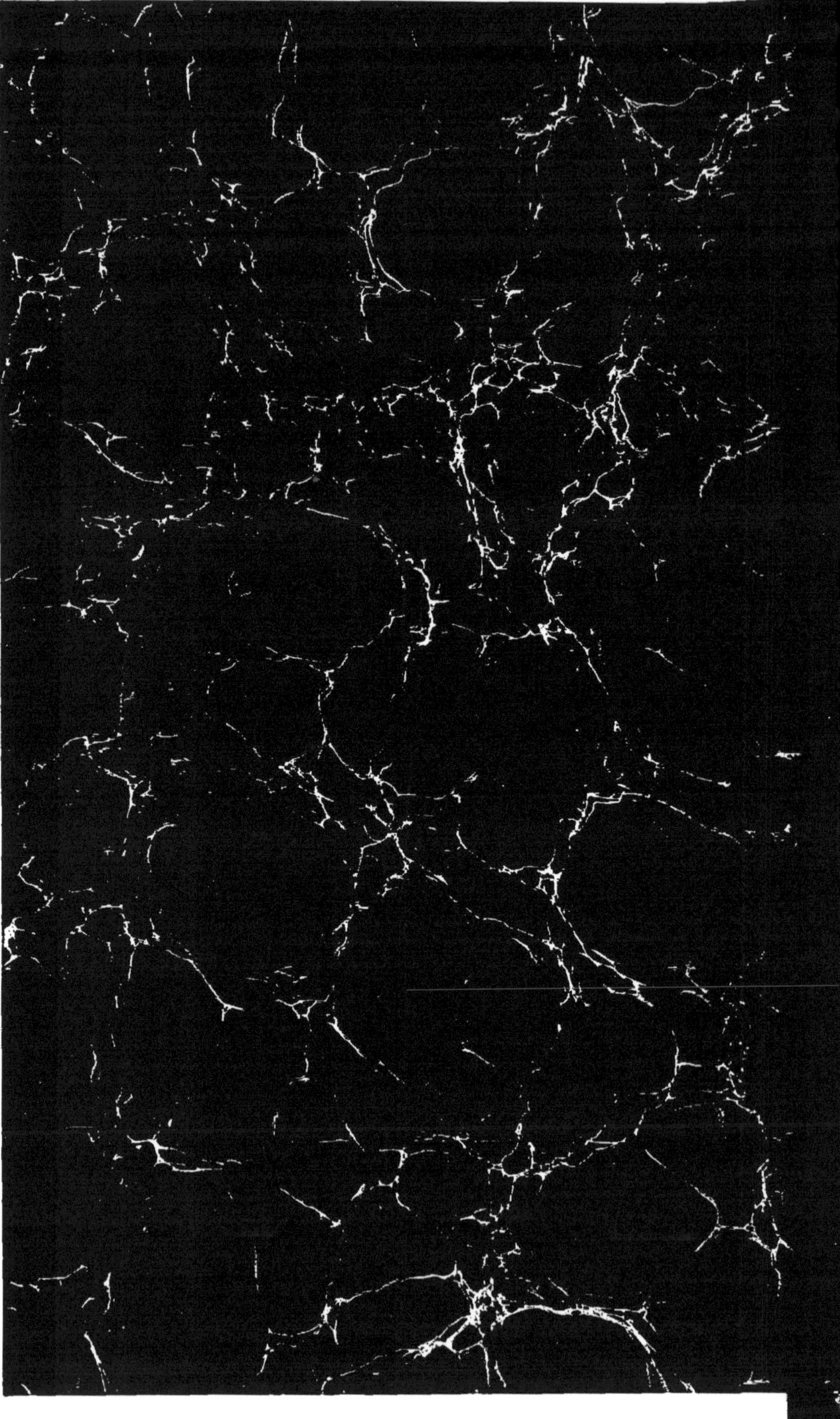

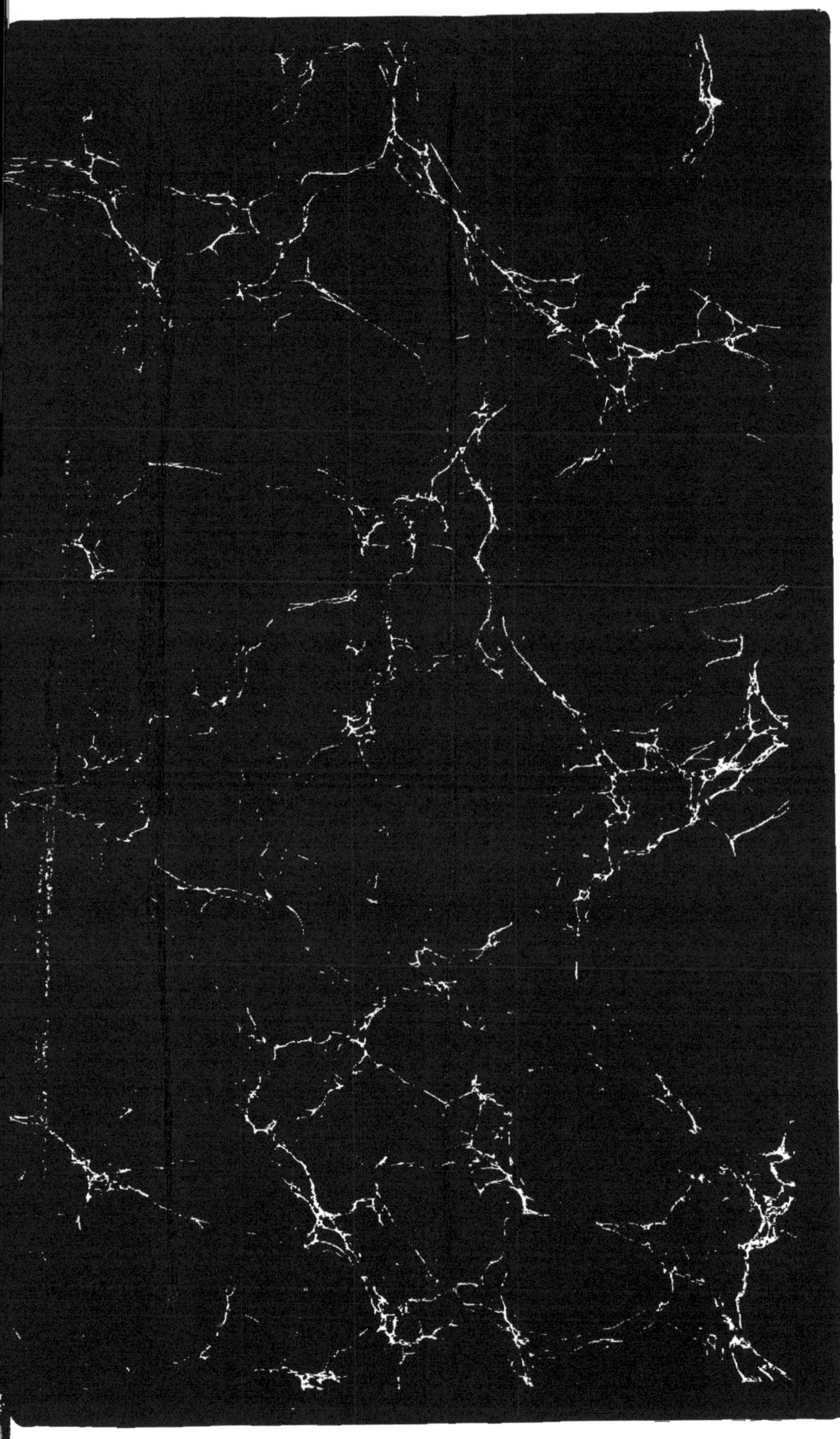

BIBLIOTHEQUE NATIONALE DE FRANCE
3 7502 04300759 2

www.ingramcontent.com/pod-product-compliance
Ingram Content Group UK Ltd.
Pitfield, Milton Keynes, MK11 3LW, UK
UKHW020213200726
13856UKWH00004B/1366

9 782011 776631